唤醒孩子学习天赋

赵邈 著

浙江教育出版社·杭州

图书在版编目（CIP）数据

唤醒孩子学习天赋 / 赵邈著. -- 杭州 : 浙江教育出版社, 2023.7
ISBN 978-7-5722-5861-9

Ⅰ. ①唤… Ⅱ. ①赵… Ⅲ. ①学习方法－家庭教育 Ⅳ. ①G791②G782

中国国家版本馆CIP数据核字(2023)第083948号

责任编辑	赵清刚	美术编辑	韩　波
责任校对	马立改	责任印务	时小娟
产品经理	谷　旸	特约编辑	王香力

唤醒孩子学习天赋
HUANXING HAIZI XUEXI TIANFU

赵　邈　著

出版发行	浙江教育出版社
	（杭州市天目山路40号 电话：0571- 85170300- 80928）
印　　刷	北京世纪恒宇印刷有限公司
开　　本	880mm×1230mm 1/32
成品尺寸	145mm×210mm
印　　张	10.125
字　　数	218 000
版　　次	2023年7月第1版
印　　次	2023年7月第1次印刷
标准书号	ISBN 978-7-5722-5861-9
定　　价	68.00元

如发现印装质量问题，影响阅读，请与出版社联系调换。

怎样才能更长久地保存信息呢?

写在纸上?印在书上?绣在绢上?

存进磁盘、U盘里?传送到网盘、云盘中?

后来,我查了资料,得出的答案竟然是:刻在石头上!

就目前人类的科技水平而言,这是最古老、最简单、最长久的办法。

序言

知子莫若父

"知子莫若父"这句话,古已有之。那么,父亲真的最了解自己的儿子吗?事实证明:真正了解自己儿子的父亲并不多,尤其是很多父亲对儿子的幼年了解得甚少。

看了本书的定稿,我感慨尤深。作者赵邈是我的儿子,他幼年时,我只是喜欢他,却较少陪伴他。对于他展现出来的艺术天赋,我并没有重视,而是按着我的臆想,一味地要把他培养成政治经济人才,结果适得其反。走了十年弯路,他才进入了他所热爱的视听艺术的领域。

还记得赵邈在有孩子之前曾对我说,如果将来有了孩子,他只希望培养孩子的两种品质,一是不要有拖延症,二是不要有"玻璃心"。我理解,他是希望他的孩子能拥有坚韧的性格,以及高效的执行力。后来,他真的有了孩子。我为这个初生的婴儿取名:赵子钦。

当我的孩子也成了一名父亲,我看到了他的成熟、他对教育的思考和付出。我欣慰地感觉到,他对子钦的教育,与我截然不同。他的基本思想是要陪伴孩子,无论再怎么忙,都要挤出时间有质量地陪伴孩子。生命竟然是以这样的方式轮回的，那些我这代人错过的、不再重来的时光，仿佛在我的孩子身上得以重现。

"实践出真知"，陪伴就是一种育儿的实践。孩子是天真、活泼、可爱的，不知不觉地，他们开始认识这个世界，并且逐渐有了自己的兴趣与爱好。当他们的爱好出现的时候，就是他们激发天赋的时候。这种天赋的激发就如同灵感一样，几乎稍纵即逝。作为父亲，最好是发现了就不要放过，不要因为时过境迁而感到遗憾，只有知行合一才可能收获圆满。

赵邈基本做到了这一点。他在用音乐、舞蹈、体育、文学等试探后都不奏效的情况下，意外地发现子钦对天体物理格外感兴趣：他对网络上科学家们的讲解总是耐心地倾听，并能根据自己的理解加以复述。

这时的子钦四岁了，出于爱好，他主动去了解近代伟大的科学家，以及他们的发明创造。在内容上，他逐渐地拓宽涉猎范围，学习了一些物理、化学、数学知识。子钦的学习也促进了他父亲的学习，这样教学相长、循序渐进，形成了互相的陪伴，既加深了父子的感情，增添了人生的乐趣，也探索了孩子未来的成才之路。真是一举多得、为所当为啊！

当我在写这篇序言的时候，耳边不时响起子钦两岁时说的一句话："我从小就和爷爷在一起，爸爸陪陪我吧。"那就是一个孩子对父亲的需求。人生的需求是什么？前进的动力是什么？父母的关爱，让孩子有了天才的摇篮、人生的起点！

每个孩子都可能是"天才"，但是"生而同声，长而异俗"，每个孩子又都有差别。我们应该承认主观的发现与客观的造就在孩子成长过程中的重要作用，对孩子的爱好及早发现、适当引导，剩下的就是贵在坚持了。

  这本书正如赵邈在书中所说的，是一本"梳理自省"的作品。希望每个父亲都能持之以恒地陪伴孩子健康地成长，更希望这本书能抛砖引玉，让更多的父亲找到开启孩子智慧的密码，拥抱幸福陪伴的时光。愿我们的后代成人、成才，为国、为民建功立业。

子钦爷爷赵千春
2023年1月28日

前言

大家好！感谢您翻开这本书，看我历时一年多写就的文字。我是子钦的爸爸，"科学小子钦"账号的注册人，电影《哥哥，谁带你回家》的导演，一名爱思考的家长。

"他的知识是自学的，还是你们家大人教的？"
"这小孩是怎么培养的？纳闷了！"
"出个教程吧，你们是怎么培养这样的科学宝宝的？"
"妈妈怀孕时都吃了什么？孩子简直就是神童、天才！"
"他的家长一定是教授……"

这是我在"科学小子钦"账号的留言区随手摘录的。在几十万条留言中，"孩子是怎么培养的"是被问得最多的问题。我很想一一回复大家的问题，每次遇到"育儿经"这样的话题，我都想说："子钦不是神童，每个孩子都可以像他一样。"但是很多人并不这么认为，甚至觉得我在"凡尔赛"。要继续解释下去，我往往打不出字来。我担心自己表达得不够完整，会产生偏差，误导大家。

越是有关孩子的问题，越是不能儿戏。于是，我用了一年多的时间，把子钦学习成长的过程整理出来，写成了这本书。在这本书中，我的焦点在于怎么发现和发展孩子的天赋。我相信每个孩子都有他的天赋，但是无论他的天赋是什么，都需要我们家长去发掘。于是，我以子钦一到六岁的成长过程中学习、生活的真实情况为案例和依据，向大家分享我作为家长的思考与实践，和大家探索有计划地培养一个热爱学习、展现天赋的孩子的可行性。

什么是一个人的天赋？发现天赋一般是什么样的过程？孩子的兴趣爱好和天赋的关系是怎样的？在发现孩子的天赋之后，我们应该怎样培养？都需要什么条件？在这个过程中，我们如何让"沟通"变成力量，让"陪伴"更有质量？孩子自律的根源在哪里？他们为什么会磨蹭？我们能否不打骂孩子还收获好的效果？我们能否帮助孩子开启智慧？该如何通过生活中的玩耍，不知不觉地提升孩子的智力？家长该怎样支持孩子接触高深的学问？我们能不能帮助六岁左右的孩子，使他的天赋化为他内心坚定的理想？

我将就这些问题，以真实的事例和大家交流。本书的全部内容，都来自我作为一名家长在实践中的思考。我想对大家说，在教育孩子的问题上，我们每个家长都是专家，同时也都是学生。面对孩子的教育，我们都在用无数的付出，去凝结一点一滴的认识。我想通过这本书来分享我的认识，希望能帮助更多的父母发掘孩子的天赋，养育有天赋的娃！

目 录

第 1 章　发现孩子的天赋

一、为什么要发现孩子的天赋　　002
二、发现天赋，从了解孩子开始　　008
三、兴趣：发现天赋的捷径　　015
四、发现孩子天赋的过程　　029

第 2 章　开启孩子的智慧

一、子钦的学习方式　　042
二、开启孩子的智力　　046
　1. 孩子的记忆力　　046
　2. 孩子的理解力　　049
　3. 智力之外　　058

三、开发孩子的思维　　　　　　　　　062
  1. 学什么才有用　　　　　　　　062
  2. 学会思考，拓展思维　　　　　067
四、引领孩子的学习——"费曼学习法"　073
五、让孩子越玩越聪明　　　　　　　079
六、激发孩子的创造力　　　　　　　092

第 3 章　发展孩子天赋的方法

一、信任：发展孩子天赋的根基　　　105
  1. 相信孩子，相信自己　　　　　105
  2. 教育的"光"与"电"　　　　　114
二、无处不在的沟通　　　　　　　　119
  1. 沟通的层面　　　　　　　　　120
  2. 和孩子沟通的注意事项　　　　125
  3. 交流式沟通　　　　　　　　　131
三、"卡顿"不是孩子的缺陷　　　　137
  1. "卡顿"的原因　　　　　　　138
  2. 用天赋突破"卡顿"　　　　　140

四、磨蹭不是孩子天赋的阻碍	144
1. 磨蹭的原因	144
2. 赶走磨蹭	149
五、看不见的规矩	155
六、自律：孩子内心的情愿	163
1. 什么是自律	163
2. 如何建立自律	167

第 4 章 发展孩子的天赋，父母应该注意什么

一、厘清教育思路	176
1. "培优"是唯一出路吗	177
2. 天生的学习者	180
二、推动自我教育	184
1. 让天赋推动自我教育	184
2. 了不起的"后续"	191
3. 学习的时空规划	198
三、注重理想的建立	206
四、不必墨守成规	212

1. 孩子可以接触高深的学问吗　　212
　　2. 接触高深学问的方式与收获　　219

第5章 发展孩子的天赋，需要爱的智慧

一、每个父亲都需要一个定位　　231
二、我选择成为第三种父亲　　235
三、一个父亲的成长与改变　　240
四、父母的爱需要智慧　　251
　　1. 觉悟的感情　　251
　　2. 孩子的叛逆　　255
五、避免滞后的教育　　260
六、高质量的陪伴诞生好方法　　270
七、普通家庭培养出智慧的娃　　279

尾 声　　289
附 录

一、答网友问　　292
二、子钦喜欢的音频、视频　　298
三、子钦喜欢的图书　　304

什么是天赋？

第 1 章
发现孩子的天赋

一、为什么要发现孩子的天赋

什么是天赋？网上的解释比较复杂，简单来说，就是你一定有至少一样事情做起来得心应手，了解你的人遇到这样的事都会想到你、请你来帮忙。做这件事的能力，就是你的天赋。

从广义上讲，人被先天赋予的一切，比如我们的情绪、性格、欲望、本能，都是天赋。所以天赋并不神秘，也不稀缺。孩子的天赋是一种潜能，每个孩子身上都有很多种潜能。我们所要寻找的，是他们身上"独特的潜能"。

每个孩子都有"独特的潜能"，这种天赋可以被发掘，可以在外力的支持下得到更好的发展。但是无论他的天赋是什么，都需要我们家长去发现。离开家长的帮助，靠孩子自己去发现，孩子天赋的发展可能会滞后许多年。

天赋没什么了不起的，我们千万不要误解为有天赋的人就是天才，这完全是两码事。天才是罕见的，需要突破人类的认知，或者做出某种贡献。而天赋却是常见的，我们每个普通人都有着自己独特的天赋。但是有一句话说得对，"失去了努力的天赋，将一无是处"，这句话里面的"努力"，就是天赋被发现之后的"发展"。

为什么要发现孩子的天赋呢？被发现的孩子和没有被发现的孩子，他们的人生会有什么不同呢？每当遇到类似的不容易想通的问题，我喜欢逆向思维。在那些观察和寻找孩子天赋的日子里，我常常思考，如果一直没有发现孩子的兴趣、天赋或者特长，那我们作为家长，应该怎样应对孩子从小到大、从学校到社会所遇到的具体问题呢？

遵循常规，努力寻求所谓的"好"学校，让孩子没日没夜地补课，熬过这十几年的学生时代，孩子再努力找个"好"工作，然后攒钱、买房、结婚、生子，告别青春，走过人生……难道这就是一个人生命的意义？

在思考这些问题的时候，我发现在孩子的成长过程中有一个关键的节点，那就是学业与事业之间的人生节点。如何处理好这个节点，如何"不脱节"，是解决问题的关键。

怎么讲呢？我们中的很多人在这一点上都是脱节的。当我们经历了漫长的校园生活，以为可以步入社会的时候，却发现在学校学习的知识是滞后的，到了社会上并不能应用。我们走出了校园，却不知道自己要做什么、要成为什么、自己到底适合做什么。不知道这些，我们的人生又怎么能不迷茫呢？我们之前的寒窗苦读，意义在哪里呢？在步入社会、青春渐渐远离的时候，我们却需要重新学习，就像人生需要重启，我们又回到原点，从头再来。这就是一种校园与社会的"脱节"。

那么我们如何才能"不脱节",如何让在上学期间学习的内容和未来的工作实现无缝衔接呢?

我思索出来一种可能性:如果一个孩子的天赋得到良好的发展,天赋就成了他的特长。那么一旦他有机会发挥这个特长,就很容易做出突出的成绩,进而获得好的工作机会和他人的重视。这样他就能把自己的天赋、特长和所从事的工作,三者结合起来,走出一条属于自己的路。甚至,他可以将特长发挥到极致,成为了不起的人。

所以在孩子求学的过程中,我们要发展孩子的天赋,让他的天赋成为特长。孩子毕业后,再按照这个特长找工作,天赋、特长、工作在他身上"三合一",从而使他学习的内容能够高效地应用到工作中,这就有效避免了校园与社会的"脱节"。而天赋没有被发现的人,就没有以天赋作为基础的特长,也就缺失了核心的竞争力,这样的人通常只有一个选择,就是先熬过十几年的学习时间,再努力找到一个工作,然后按部就班地生活。

这是两种截然不同的生活,一种是活出了自己的特色,另一种是循规蹈矩。二者根本的不同,就在于对天赋的发掘。

拥有了天赋、特长、工作"三合一"的年轻人会清楚地知道适合自己的领域和位置,他会比较早地树立人生的目标,拥有一个只属于他自己的选择。在人生的道路上,他可以按照自己的规划一直跑下去。因为他的身上有一项突出的能力,所以当他面对竞争时,会多一个只属于他自己的机会,他只需要专注地做好自己，而不需要去和别人在一条拥挤的路上比拼。这样的人生就不必"重启"，这才是真正的"赢在人生的起跑线上"。这就是我们发现孩子天赋的重要意义！

我很高兴能想到这些，并且分享给试图找到孩子天赋的朋友们。虽然每个家庭、每个孩子的情况都不一样，但是很多教育方法，尤其是我们作为家长的宏观认识，有着很大的相通性。并且，发掘孩子的天赋对我们家长来说，好处多多。

好处之一，就是方向的明确。人啊！一旦有了方向，即使进步慢，也不会混乱。一个孩子的天赋得到了发现，一家人就有了努力的方向。同时，因为这个方向是基于孩子的天赋确定的，所以会激发他自身的兴趣，孩子能够知道自己当下应该做什么，知道自己未来要成为什么。孩子有了明确的方向，在前进的过程中，就不是我们家长在单方面努力，孩子自身也在努力。

好处之二，是方向的明确会让家长更从容。以我自身为例，我最大的收获，就是在看到孩子追求理想的同时，我对教育的理念和态度也有了较大的转变。我不再那么焦虑，不再那么武断，而是把精力放在了明确方向之后对孩子的陪伴和引导上。

如此一来，家长获得了更多的时间去思考和完善教育的方法。在这种情况下，我们的眼睛会看到孩子的心思，我们会接收到孩子在日常的细节中传达出来的更多的信息，这些信息让我们家长能更好地帮助孩子成长，而不是凭借自己的臆想去规划孩子的人生。我们会看到一个放飞自己的、有理想的孩子，而不是一个让我们化身"孩奴",一辈子都要为他担心的孩子!

发现孩子的天赋难不难呢?很多人觉得很难,其实呢,并没有我们想象的那么难!为什么这样讲?原因就在于无论我们的孩子的天赋是什么,他们都会在不经意的时候,向我们传递关于天赋的信息。抓住这些信息,就是我们发现的开始。在此之后做好后续的培养,天赋就会逐渐变成孩子的特长。

有人说我不是专家,说只有家长足够专业,才能发现和培养孩子的天赋。而事实是这样吗?不一定,画家的孩子不一定是画家,作家的孩子也不一定是作家,孔子和王阳明那么伟大的教育家,他们的孩子又有什么建树呢?所以,不是只有专业的家长才能培养专业的娃。

我就是一名普通的家长,而且理科的基础十分糟糕,但这一点都不妨碍我的孩子子钦学习科学知识。子钦六岁的时候,在公民科学素质的答题测试中进入了前10%。如果你觉得我的孩子还可以,那么你的孩子也一定行!

也许有人会问,既然发现天赋并不难,那么为什么我们当中的很多人,一辈子都没有发现过,也没有被发现过呢?这是因为发现之难难在意识,有了意识,我们才会有一颗善于感受的心、一个爱思考的大脑、一双看到优秀的眼睛。意识,说起来有点抽象,那么有没有什么具体的方法呢?

有!一定有!如果没有,就说明你还没有找到。探讨和解开这些谜题,就是我写这本书的初衷。虽然子钦的天赋在科学知识的领域,但是这本书分析和探讨的,不仅仅是科学领域,而是孩子在任何领域所具有的天赋,目的是帮助更多的孩子像子钦一样,在自己擅长的领域展现天赋。

照片是我们带着22个月的子钦去旅游时拍摄的,从那时开始,我就经常带他出去看看新的事物。

二、发现天赋，从了解孩子开始

世界上的每一个人，都至少有一样擅长的东西。这个东西可能是音乐、舞蹈、美术、写作等，是一个人独有的才能。但是对孩子来说，这个才能最初显露的时候相当隐蔽，甚至是昙花一现，这就需要我们家长及时发现。而发现孩子天赋的前提，就是了解孩子。

举一个我自身的例子。小时候我擅长讲故事，经常会有小朋友来我家的院子里听我讲故事。我所讲的故事都是即兴编的，开端往往是："从前吧……"然后就一边编排人物和故事情节，一边往下讲。直到长大以后我才明白，那样讲故事是在即兴编剧，这就是一种天赋。

"童年就有的天赋，长大了才知道！"这在今天看来，不免让人有些惋惜。为什么不让我们的孩子从小就知道呢？何必浪费二十多年的宝贵时光呢？这是因为对一个孩子来说，他和他周围的人可能都不了解他，包括家长和他自己在内的所有人都不知道他有这种天赋。

了解孩子，可以帮助我们去发现他的天赋。就拿子钦来说，他对科学感兴趣，并且在这方面显现出天赋。我能在后来发现他的天赋，就是源于了解。那么了解孩子，有没有什么需要注意的地方，有没有什么方法呢？

你都去过哪儿？

子钦：我哪儿都去过。

我：那你给我讲讲都去过哪儿啊？

子钦：什么星球都去过。银河系，包括银河系外的所有行星、所有恒星，包括仙女座里面都去过，黑洞里面都去过。

我：那里面是什么呀？

子钦：我发现里头还有个黑洞。黑洞不是还吃黑洞吗？大的黑洞吃小的黑洞。

我：哦？

子钦：还有的黑洞我进去，咦，这个咋没那个大呢？

我：你是说真的吗？

子钦：逗你玩呢！

了解孩子的天赋，最需要注意的就是机会稍纵即逝。大家看上面这段对话，那时的子钦刚刚四岁，但他自己学习科学知识已经两个多月了。现在回过头，我们可以看到孩子正在向家长传递关于兴趣与天赋的信息。可是当时，我只是觉得好玩，就用手机拍了下来，完全没有想到这可能是他的天赋。事实上，我们作为家长，在这样的情况下，通常很难意识到这可能是孩子的天赋。我是在之后的几个月里，在他越来越强烈的表现中，才有所发觉的。

后来我查资料，才发现子钦说的仙女座真的存在，大的黑洞真的会吞噬小的黑洞。你看，孩子就是这样，他们常常给我们机会，让我们去了解他们的兴趣、能力和天赋。但是这种机会往往随机地出现在我们日常的生活中，稍纵即逝。其实抓住这些机会也不难，我们接收孩子信息的能力越强，就越容易发现孩子的天赋。这种接收能力就是一种"发现的意识"，可以让我们抓住那些不经意的瞬间。什么是"发现的意识"呢？实际上就是和孩子在一起时观察与思考的习惯。

我们需要养成一种观察与思考的习惯，在和孩子的相处中，根据他们遇事的反应，去思考我们的孩子在向我们传递着什么信息。根据这些信息做出判断，我们早晚会发现孩子的特质。相反，如果我们没有观察与思考的习惯，那么尽管孩子表现出天赋，那个瞬间也会被我们错过。

作为家长，我们没有特异功能，没有不了解就发现的本事。了解，是解决一切问题的开始，所以尽早了解孩子，我们才能更早地发现他们的闪光之处。退一步讲，就算暂时没有发现，也有助于我们和孩子更好地相处，有助于在他需要我们的时候，我们能知道、能帮到他！

然而真正地了解一个人，并不是那么容易的事。甚至有时候，我们连自己都不那么了解，我们会对自己的行为都感到不解。那么，到底要达到怎样的程度，才算是真正地了解一个人呢？这里面有没有可以量化的指标和可行的方法呢？

我以前看过一个国外的采访节目，名字就叫《你了解你的孩子吗》。受访者都是家长，问题都集中在"你孩子的生日是哪天""他喜欢什么电视节目""他喜欢的颜色、食物"……其实在我看来,这些问题都还停留在对一个孩子的基本信息的了解,并没有达到深一层次的了解。那什么是深一层次的了解呢?

让我们把焦点从"了解过去"转移到"预知未来"。什么是"预知未来"?就是我们能预判孩子下一步的行为,能够预知他在不同情况下的心理活动和行为反应,这才算深一层次的了解。为了做到深入地了解孩子,我在子钦四岁的时候,研究了一个可以检测了解程度的实验,来调整我对他的判断与认识。我称之为"巴塔了解法",在这里分享给大家。

我们在空间里画出三个坐标轴:X轴表示事件或场景,Y轴表示情绪类型,Z轴表示情绪强度。在这个表现一个孩子的情绪状态的三维空间里,我们可以预判孩子遇到不同的事情时会出现什么样的反应。

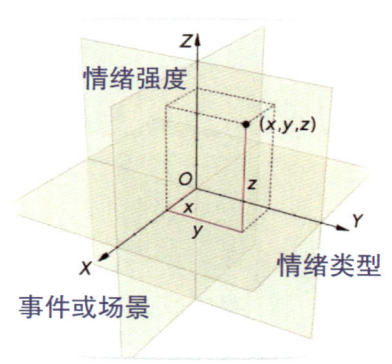

如果以上表述不好理解,那我来举个例子。我们可以在想象中用方块积木搭建一个立方体,立方体的高(Z轴)留

出六个空格，可以放六块积木，分别代表情绪强度的六个等级："微弱""一般""有些""十分""非常""极为"。然后我们把立方体的宽（Y轴）设为几个空格，可以放几块积木，分别代表人的几种情绪，比如"喜""怒""忧""悲""恐""恶"。当然，也可以增加需要的其他情绪。我们再把立方体的长（X轴）留出一些空格，每个空格代表事件或场景。比如，我们可以拟定"弹钢琴""学英语""轮滑""摔倒""写作业""聚餐""看电影"，等等。

详细内容可参见我的专栏课程《发掘孩子天赋》。

扫码进入课程

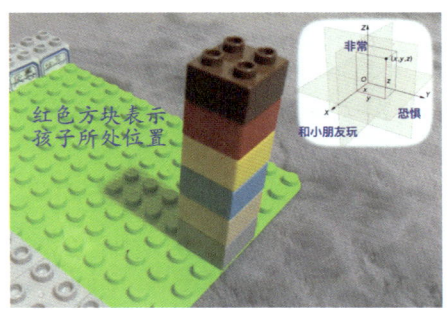

好，现在我们假设，孩子在X轴的事件是"写作业"，那么他的情绪将会在Y轴的什么位置，这个情绪在Z轴达到了什么强度。我们就可以判断出"写作业"时，孩子的反应是高兴还是厌恶，情绪强度是轻的还是重的。

我们可以通过这个办法，来判断孩子在遇到不同事件时的情绪和情绪强度。X轴的事件越细化，越便于我们了解孩子。比如，"写作业"可以细化到各个学科，细化到不同时间段，等等。假设得出的结论是，他喜欢在晚饭后写数学作业，喜欢在上学的路上读英文，那么我们就可以针对他下一步的学习做出切实的、具体的、有效的规划。

孩子在任何情况下的任何反应，在这个空间坐标系里都有对应的位置，能指引你调整教育的方法。比如，一个孩子在和小朋友玩的时候情绪达到五级的"非常恐惧"，那就说明他出现了心理方面的问题；如果他弹钢琴的时候有了六级的"极为喜悦"的情绪，那就赶紧给他找个老师；如果他玩轮滑的时候有了三级的"有些厌恶"的情绪，那就趁早让他试试别的项目。

感兴趣的家长可以试试这个实验。如果你能把孩子的这些反应都准确地填到这个坐标系中对应的位置，那么我敢保证，在生活中的众多时刻，你都能赢得孩子的信任和爱戴，未来他也不容易出现令人抓狂的叛逆和自闭。相反，如果家长的判断大都是错的，那么尽管孩子经常在你面前表现出来他的天赋，也一定会在那个瞬间被你错过。

所谓"日久见人心"，了解一个人，最需要的就是时间。

好在我们和孩子有很多在一起的时间。我们有得天独厚的条件来了解他们，通过不断地交流、观察、思考，我们会了解得更多、更准确。所以我们也不用着急，不要用力过猛，而是要"多留心"。我们需要一边学习一边观察，只要我们重视孩子不经意的流露，观察他在不同情况下的反应，体会他的性格与情感，分析他行为背后的潜台词，我们就会越来越了解他的兴趣、行为，了解他的内心。我们在这样的基础上去发现他的天赋，就会看到一个与众不同的小孩。

两岁的子钦和妈妈在海边。父母的陪伴是了解孩子的最好办法。

三、兴趣：发现天赋的捷径

孩子的天赋在哪里？应该怎么找到孩子的天赋？在思考这些问题的时候，我把突破口聚焦在孩子的兴趣上。从兴趣入手发现孩子的天赋，是一条捷径。那么，天赋与兴趣究竟是什么关系？孩子的兴趣等同于天赋吗？

虽然天赋的外在表现是"擅长做一件事"，但是在很多时候，孩子感兴趣的不一定就是他擅长的。比如，一个孩子喜欢跳舞，但是他不能用舞蹈表达他的情感，舞蹈没有成为他表达情感的语言，那么他就不具有舞蹈的天赋；有的人喜欢唱歌，可他就是五音不全，那唱歌也不是他的天赋。又如，一个孩子看起来喜欢钢琴，但是他只有三分钟热情，那么钢琴就和他的某一个玩具一样，玩够了就腻了，并不属于他的天赋；一个孩子喜欢摄影器材，他可能对相机镜头爱不释手，但这并不代表他喜欢摄影，也许他的兴趣在于零部件的机械构造。

所以，兴趣爱好不能等同于天赋。兴趣属于人的喜好，如果我们喜好的并不是我们所擅长的，那就不是天赋。但是如果孩子热爱的，就是他所擅长的，这就很可能是他的天赋。因此孩子的天赋至少要同时满足两个条件，就是"擅长"且"热爱"。

在这种情况下，天赋是可以经过强化，变成孩子的特长的。这是因为，一个人把喜欢的事做得不错，就会得到大家的称赞。这些称赞又会转化成成就感，产生新的动力来鼓舞他，使他把自己感兴趣的、喜欢的事做得更好。比如打篮球，假设一个人的年龄、身高、弹跳能力等条件非常适合打篮球，那么他一旦接触篮球，就会表现出超越他人的能力，并赢得好的成绩。这些成绩会鼓励他以更大的信心和热情，把篮球打得更好。所以，孩子感兴趣的点，不等于孩子天赋所在的点。但是孩子天赋所在的点，往往会是他感兴趣的点。由此我们得出一个答案，就是天赋往往会以兴趣的形式出现，所以在这里，我们姑且把孩子的天赋称为孩子的"人生兴趣点"。

那么由天赋而诞生的"人生兴趣点"，与孩子在生活中的爱好到底有什么区别呢？我们家长又该怎么分辨呢？第一个区别，就是对这个"人生兴趣点"，孩子并不是只有"三分钟热情"。我们家长都知道，很多玩具，孩子很快就玩腻了，那种短暂的愉悦感很快就消散了。但是由天赋而诞生的兴趣点有着更长久的生命力，孩子们会不由自主地钻研，在其中越陷越深。这是"喜欢一件事"和"喜欢研究一件事"的区别。重点不是喜欢，而是研究。这是一种带着思考与实践的，对一件事情的原理进行深入的探索、挖掘的行为。由此可以延伸出来第二个区别，就是由天赋而产生的兴趣点具有可以发展成事业的属性。比如，孩子们对玩游戏、看动画、吃鸡腿感兴趣，但这些都是生活中的消遣，往往都是对人的消耗。而由天赋而诞生的"人生兴趣点"却可以让人在某个方面不断地进步与提升，让人变得越来越专业，因此，这个点可以在将来发展成为孩子人生的事业。一个喜欢天天吃鸡腿的孩子和一个喜欢天天学成语的孩子，他们未来事业的走向一定是不一样的。

清楚地辨认孩子的天赋，涉及如何分辨天赋的类型。兴趣很可能代表着孩子的天赋，但是天赋绝不仅限于孩子的兴趣范围，很多不以兴趣为表现的方面，依然可能存在着孩子的天赋。也就是说，人的天赋有着多种多样的类型。在通常情况下，我们家长在寻找孩子天赋的过程中，会把目光集中在文体、艺术方面，其实，孩子的天赋远远不止这些。天赋的范围十分广泛，可以进行细分。比如，技能类的，三百六十行，行行都可能成为孩子的天赋；又如，习惯类的，一个孩子特别整洁，干活很利索，他很可能具有后勤管理的天赋，这种天赋是表现在日常习惯和细节中的；再如，性格类的，你看有的孩子十分有礼貌，他们会微笑着和人交流，这种亲和力就可能是他的外交天赋，而不仅仅是他的性格。

有些天赋可以超越年龄的限制，在比较小的孩子身上显现出来。比如艺术类的、语言类的天赋，对"数学""美术"，甚至"文学""哲学"的思维和认知，等等，这些都需要我们家长去发现。在我看来，世界上不存在没有天赋的孩子，只存在不善于发现的家长。所以孩子身上的许多特点都可以作为天赋来发展，甚至我们以为的他们身上的"缺点"，都可能是某一种天赋。比如，一个孩子特别喜欢爬高，上树、上房都不在话下，这就可能是他的运动天赋；一个不爱说话的孩子，他可能善于思考，那么思考就是他的天赋；一个经常搞破坏的孩子可能善于探索，那么善于探索就是他的天赋。我们家长有时候喜欢轻易否定孩子，喜欢"一棒子打死"地断言一件事。就像我们看到一个五音不全的孩子，会觉得他不适合搞音乐。事实上，他虽然唱不好歌，但是可以去编曲、作曲，这都是有可能的。所以只要我们家长不放弃、不武断，就能看到孩子身上的特点，然后剩下的，就是去确认这个特点能不能作为他的天赋来发展。

这是一个摸索的过程，所以在还没有发现孩子天赋的时间里，我们家长可以在摸索中等待。首先，我们不能忽略的是"体验与尝试"。孩子来到这个世界，并不知道这个世界有什么，所以我们可以带他们去看世界，去"体验与尝试"。

体验什么、尝试什么呢？通常我们会带孩子去做"生活的体验""自然的体验""学习的体验""游玩的体验"等。这些本身都很棒，但是如果我们家长为体验加上一个前提，也就是我在前文中提到的"发现的意识"，有了发现的意识，那么体验本身就成了我们发现孩子天赋的一种尝试。这些"体验与尝试"对孩子来说和往常一样，但对我们家长来说，却成了我们在孩子身上找到"灵感"的方法和手段。

以我为例，为了帮助子钦找到兴趣点，在他两岁多到四岁期间，我每次带他去公共场所游玩，但凡遇到各种免费的体验课，比如弹钢琴、打篮球、拳击、画画等，我都会带他参加。参加的目的不是上课，而是方便我在一旁观察他的反应，从而找到真正属于他的"人生兴趣点"。这并没有额外占用我们的时间，却增加了很多体验的乐趣。子钦的性格比较随和，我看到的他的所有反应，都是对体验的项目既不排斥，也没有很兴奋。

孩子需要在父母的带领下体验世界，虽然这种体验不一定能帮助家长看到孩子的天赋，但是孩子天赋的展现离不开他们对世界的体验。

　　就这样试了很多项目，我觉得那些都不是他的兴趣点。我采用的判断方法是逆向思维，就是说，如果他的态度是"不太确定"，那就一定不是。不过不是也没关系，这种事情不能着急，需要多一点耐心。天赋并不那么容易找到，有的人一辈子都不知道自己的天赋在哪儿，也过得不错。我们又何必急于一时呢！

　　除了"体验与尝试"，我们还可以用其他方法来帮助我们发现孩子的天赋。但无论是什么办法，都离不开我们家长的细心。相信只要我们多留心，帮孩子找到天赋是迟早的事。孩子的兴趣点常常在偶然间不经意地体现出来，特别容易被家长忽略。细心就是我们最"笨"的，但也是最踏实的办法。只有在细心的基础上，我们才能从"体验和尝试"中获得有效的信息，才更容易判断孩子所体验和尝试的是不是他的天赋。在这个过程中，很多家长会有这样的感觉，就是"为什么我的细心落不到实处、为什么我抓不到孩子的重点"，出现了这样的情况，原因多数在于我们缺乏对孩子的了解，所以才落不到实处，才抓取不到有效的信息。

另外，我们在摸索中等待时，还要注意这样几个事项。

第一，避免盲从。现在的孩子，三岁就有各种各样的补习班，招生广告很有说服力，但子钦一个都没有报。原因是我带他参加各种体验活动，就可以观察他的兴趣点了，没有必要再通过补习班，耗费大量的精力，强迫性地赋予他任何特长。

其实如果子钦愿意，我也会给他报补习班。但是我知道，本事这个东西是一个人学不完的，强迫只会让结果变得更糟糕。那些名人的励志故事只适合他们自己来主演，并不适合安到我们孩子的身上。因为每个人的幸运都不可复制，我们可以学习别人的方法和认知，这会让我们变成更好的自己，但是我们没有办法复制别人的幸运，所以我们要避免盲从。

我看到过一些例子，比如一个小朋友一边哭一边弹钢琴，这就让人很心疼。我觉得脱离了孩子的兴趣去强行培养，那就是我们在用家长的虚荣去置换孩子痛苦的童年。所以不能看到人家怎样，咱就怎样。每个小朋友，都有他了不起的地方。不忌妒也不嘲笑他人，专注于自己孩子的成长，才能使孩子的能力和心理都得到健康的发展。

第二，避免攀比。从我留心观察，到发现子钦的兴趣点，前后用了两年多的时间。其间我了解了各种关于教育的理念，带给我很多的思考。

举个例子，在子钦上幼儿园小班的时候，幼儿园请了一位外教，每天英语测验完排名次时，子钦总是最后一名。最初我觉得这无所谓，毕竟我曾经也是最后一名。但这样的情况持续了两三周，我开始担心，担心他就此养成当"老末"的习惯。于是我找老师商量："咱们测验能不能不排名次，如果他习惯了当'老末'，以后万一学习好了，不适应可咋办！"

老师答应了，可是没过两天又开始排名次，子钦还是最后一名。就在我思考该怎么办的时候，偶然间看到的一幕帮我做了决定。那天我去接他，看到一个经常排第一名的小朋友，由于那天没有排第一，他正在地上打滚、哭闹。而我从他妈妈在一旁责怪的话语中听出来，原来他们每天放学后都专门补习第二天的英文测验，目标就是得第一。我知道这个情况后吓了一跳，就给子钦换了个幼儿园，相当于惹不起就躲了。

攀比是没有尽头的，每一个幼儿园、小学都会有各种各样优秀的孩子。我们的目标不是超过别人，而是发展自己。如果学习的目的就是争第一，那么人早晚会变得很狼狈。在攀比的心态里，我们并不容易看到真正属于孩子的天赋。

第三，我们要学习沟通。和孩子的沟通往往是最难的。其实在我们陪伴孩子的整个过程中，沟通无处不在。我会在后文中专门拿出篇幅，谈谈怎样通过沟通来发挥孩子的主动性。

正是因为有了合适的沟通，我和子钦在一起时，才会形成大家所看到的一种交流的氛围。网友们评论说，看到我和子钦在一起的样子，不是一个家长在和孩子对话，而是两个朋友在交流。看到这样的留言，我感到欣慰。我非常反对、反感自己在孩子面前成为那种"唯一正确"的人，所以随着子钦长大，我对他使用命令口吻的次数越来越少，我越来越喜欢和他平等地探讨一个问题，我由衷地希望他能够拥有一个自由的童年。在家庭教育的"演练场"，我们可以通过沟通，发挥孩子的主动性，让家长从主动"进攻"的位置退到被动"防守"的位置，而孩子也从被动接受变成主动探索。

关于沟通的话题有点复杂，我再多说两句。如果你希望和孩子形成良好的沟通，与其生搬硬套别人的理论，不如好好利用你和孩子双方的性格特点。我们身上的很多性格特点都具有两面性，利用好了就可以成为我们的优势。我们家长要发现孩子的天赋，完全可以从这些性格的优势和缺陷出发。我们要利用孩子的性格，同时也要利用自己的性格。比如，我的性格偏向追求人的平等、事物的平衡，基于这样的心态和孩子交流，会促使气氛融洽，激发孩子的自我意识，那么我就能更容易地看到他身上的特质。又如，你是一个领导欲比较强的人，那么和孩子在一起时，你就可以表现一种强者的能力，让孩子信任你、佩服你，一样可以形成沉浸式的、有效的沟通，从而发现孩子的特点。所以我们要善于利用我们和孩子双方的性格特点，来达到良性的沟通。做到这一点并不难，而且会让我们和孩子都很舒服，但前提是要对孩子有所了解。

第四，我们家长需要一双"愿意看到孩子优点的眼睛"。如果没有这样一双眼睛，那么即使我们了解孩子，也很难发现他的天赋。

我们是愿意看到和承认别人优点的人吗？如果不是，我们至少可以在自己的孩子身上，做一点调整和改变，不然我们所付出的就难有收获。我们从最初的陪伴和悉心的照料，到带着他们去尝试、去体验世界，再到通过不盲从、不攀比来培养自己平和的心态，最后运用双方的性格特点，和孩子形成无障碍的沟通，我们距离发现孩子的天赋越来越近。这时候，我们最需要的就是一双"愿意看到孩子优点的眼睛"。

有一次，我和一位博主朋友交流，她说她的儿子能够发现美，从小就喜欢文学、音乐、美术、摄影、表演，并且经常表达对审美的看法，但可惜的是样样都不精通，所以她并不认为孩子会在艺术上有所成就。我当时感觉，这孩子的每一个爱好都像是在为了一个目标储备能力，而"服化道摄录美"正是导演的基本功课。于是我对这位朋友谈了我的看法："他未来可能成为一名导演，如果有机会，你可以支持孩子制作实验短片来进一步观察。"这位朋友听我说完，眼睛一亮，开心地对我说："也许你是对的！"

其实在教育面前，对与错并不容易判定。可那又有什么关系呢？我们善于发现的这种行为本身，才是我们送给孩子的礼物。

当我们拥有了这样一双眼睛，孩子就会在我们的注视下，拥有更多的可能性。

我们看着孩子，孩子望着远方。

　　在摸索中等待，是我们在眼前一片黑的时候迈出去的脚步。因为想要发现孩子的天赋，我们不能被动地等待，而是需要主动地摸索。孩子的天赋并不是表现出来，然后就被我们发现这么简单。从表面看，孩子不会给你任何有效的信息，但是如果你揭开这层表象，看到深层的本质，就会惊讶地发现，原来孩子已经给了你足够多的信息，一直渴望你去发现他，只是你之前没有看懂他的行为、听懂他的语言。

　　为此，我们需要"愿意看到孩子优点的眼睛"。其实，做到这一点并不难，我们小时候就知道，长辈们对我们的打击会对我们的心灵造成严重的影响，而对我们精神上的鼓舞会带给我们心灵的力量。今天，我们可以毫不费力地把这些心灵的力量给予我们的孩子。这么好的事，我们又何必那么腼腆、吝啬呢！

教育有一个特点，就是当你真的帮到一个人的时候，你会发现自己也成了受益者。就比如，我们用以上方法去寻找孩子的天赋，一定会因为陪伴而获得巨大的收获。因为在寻找的过程中，我们会去观察与思考，会去陪伴和交流。那么即使暂时没有找到孩子的天赋，我们也会得到一样珍贵的东西，就是和孩子在一起的宝贵时光，它已经成为彼此最难忘的记忆。

这种陪伴对孩子成长的影响和意义是难以估量的。其实世界上的大多数问题，都是教育的问题。我们教育孩子不单单是让孩子成才，还要让孩子成为人才。成为人才首先要成人，帮助孩子成为一个有人的情感、人的品德的人，是我们送给他们的最好的礼物。而这一切的基础，往往就在于家庭教育。

你就不会老了

子钦：木星自转一周十个小时，上面的气流每秒三百公里，那个大红斑跟着一起转都没有散。近些年，我们发现这个大红斑在不断地缩小，伽利略发现它的时候，它的直径能装下四个地球，现在只能装下一点三个地球，按照这个计算，用不了多久这个大红斑就要消失了。然后地球上持续最久的台风是一个叫作约翰的台风，能持续三十一天，人家大红斑持续四百年，还在那儿刮呢，伽利略发现它的时候就已经发现大红斑了。

我：哦！

子钦：木星转一周是十个小时，非常快，它公转一周十二年。我告诉你，你如果生活在木星上，过一万天才长一岁。

我：一万天才长一岁，那么久啊！

子钦：嗯，那你就不会老了。

这段对话发生在2020年夏天，这时候我已经发现了子钦的兴趣点，正是在发现过程中的陪伴，让我体会到了家长和孩子之间感情的融洽，体会到了他对我的爱。当他说完"那你就不会老了"，我心里忽然有一种感动，原来孩子是用这样的方式来表达对我们的爱的！

有人说中国人感情含蓄，不善于表达爱。其实我不这样认为，我觉得这种表达不在于语言，而在于心。这反而是我们东方人所擅长的。关键就在于我们细腻的心思，到底用在了哪里。教育的成功之处，在于成全别人的理想，而不是达到自己的目的。所以作为家长，你有多少真心的在乎、有多少换位思考，就一定会有多少发现。

可能有的家长会说："我当然在乎我的孩子，我最在乎的就是我的孩子，但我还是没有发现他的天赋。"父母怎么会不在乎自己的孩子呢？我们缺少的，往往是换位思考。所以我们在和孩子相处的过程中，信息往往是不对称的。

太阳系里最高的山

我：太阳系里最高的山是地球上的吗？

子钦：不是，是火星上的。

我：火星上有山吗？

子钦：有，特别多山。它的高度是地球上最高峰珠穆朗玛峰的三倍。三个珠穆朗玛峰才能填满一个火星上的最高山——奥林匹斯山。

我：哇！山的名字叫什么？

子钦：奥林匹斯山。地球上有奥林匹斯山，火星上也有奥林匹斯山。奥林匹斯山是个火山，但它表面的熔岩告诉我们它只是在休眠。火山就三种，一种是活火山，一种是死火山，一种是休眠火山，它就属于休眠火山。

这段对话发生在2019年12月。当时子钦四岁，我还不知道他对科学有天赋，如今看来，他分明是在向我释放"足够多的信息"，渴望我去发现和帮助他。可是我当时只是觉得他很有趣，仅此而已。您看，我们做父母的，就是容易这样"看不懂孩子的行为，听不懂孩子的语言"。而陪伴能帮助我们去发现。当时我们这样聊了半个多小时，我完全不知道他下一句会说什么。等他说完"黑洞""引力""快子""量子纠缠"等话题，我去查证了他说的有没有科学依据。虽然我还是没有因此重视他的爱好，但是从那时起，我们父子之间多了很多的话题，经常展开一番讨论。

正是因为这些日常的陪伴，我才看到了子钦的天赋。我们做父母的，责任就在于发现和成全孩子的理想，而不是达成我们自己的目标。现在综合来看，似乎每个孩子都会在四岁左右的时候，给我们家长一个"空当"，让我们在这两年的时间里学习思考、提升自我，从而感受他们的内心，了解他们的兴趣、天赋和理想。所以，我真诚地建议家长朋友，一定要重视孩子四岁左右这段时间的表现。

判断孩子在某方面是否有天赋，可以依据孩子对事情的兴趣度、敏锐度、专注度、深入度来判断。

在陪伴孩子的过程中，判断孩子是不是具有某方面的天赋，除了兴趣度，家长还可以从下面这几个角度进行确认。

第一，敏锐度。在孩子有天赋的领域，他们会表现得思维敏捷、目光尖锐，他们会在这个领域表现出超越他人的观察力。

第二，专注度。孩子对其有天赋的领域的专注程度会异于常人，因为全神贯注，所以他们的学习效率会非常惊人。而且，他们在其有天赋的领域会长时间地专心致志。

第三，深入度。这里不是专注的深入，而是在该领域思考和实践的深入。在兴趣度没有被破坏的前提下，他们会深入研究，乐此不疲。

四、发现孩子天赋的过程

发现并确认孩子的天赋，一般是怎样的过程呢？在这个过程中，家长可能遇到哪些具体情况，又该如何应对呢？

因为每个孩子的具体情况不一样，所以发现孩子天赋的过程也不尽相同。但是当我们究其规律，会看到孩子天赋被发现的过程，都存在着偶然性和必然性。偶然性是指孩子的天赋往往会被某一个具体的事件触发出来，而必然性就是这种触发只是把孩子身上早已存在的东西唤醒。

首先是寻找那个捷径，那个由于天赋而产生的孩子的"人生兴趣点"。

就我的情况而言，在发现子钦的兴趣点之前，我已经养成了观察与思考的习惯，这个习惯就是"发现的意识"。我已经习惯了去思考和子钦每一次交流时应该怎么进入话题，他的每一个反应我应该怎么回应。我这样做，是为了清楚地看到他的成长，看到他身上的特质。而且这些要在孩子没有察觉的情况下进行，不能因为我们的心思，去改变孩子正常的行为。作为孩子，他们处在一个自由、放松的心境时，才更容易放射自己的光彩。

然而，让我没有想到的是，当我选择了与他自由、平等地相处，不去强行地设定他的道路，他反馈给我的，却是惊喜。我没有强迫他成为我希望的样子，他却展现出了自己本来的样子。

在子钦四岁时的一天，朋友向我推荐《地球编年史》，这是一部根据苏美尔文明的发现来推测人类起源的纪录片。我正看着，子钦来到我身边，也很有兴致地跟我一起看。我当时觉得他这么小看这些不太合适，就关掉节目，并随手点开旁边的一个视频，叫作《从普朗克长度到整个可观测宇宙的尺度》。这是一个只有图像和字幕、没有解说词的视频。伴随着悠扬的音乐，画面从最小的微观粒子一直演变到九百三十亿光年。令我完全没有想到的是，随意播放的一个视频让子钦整个人变了，他兴奋地在椅子上乱窜，哇哇大叫，不能自已……

他的反应让我震惊。他的性格比较内敛，会这样兴奋是从未有过的情况，这就是我一直想寻找的状态。在半小时的视频播放时间里，他看着电脑，我看着他。我琢磨着，以前的他，从来不会因为一件事变成这样。这像极了我带他做各种体验时，希望寻找的"人生兴趣点"，我预感这事要成。

在这之后的一个月里，我一直在判断是不是找对了。为了确认，我先答应他看科普节目，然后在他看节目的时候故意捣乱、干扰他，比如挡着他的视线、关电脑、拉他出去玩。他烦死我了，要么急得直哭，要么生气地把我推开。随后我发现，只要是科学类的节目，不管什么他都看，天文地理、生物化学、量子力学、相对论，完全不"挑食"。我又给他找奥特曼、喜羊羊、熊出没、变形金刚的视频来诱惑他。他的反应是只对变形金刚感兴趣，其他一概不理，重心还是在科普的范围。

这时候我并不敢确认，他的状态是"三分钟热度"，还是找到了"人生的兴趣点"。就这样过了大概三个月，我偶然听到他自己在厕所里说话，仔细一听，是在重复科普节目里的解说词。我觉得很有意思，就等他出来之后问他，能不能讲给我听。他腼腆地讲了起来。在我赞赏的目光中，他越来越放松，越来越自信，越讲越顺畅，一直讲了四十多分钟。他竟然能讲这么久，我惊讶于他的记忆力。那天他给我讲了四五段不同学科的、原时长都在十分钟左右的科普内容。他连贯地重复了每一句，并且用的是自己的节奏，还加入感叹、强调的语气来说明。我看着他，感觉他越来越像教我知识的小老师。

此时，我已经可以确定他对科学知识感兴趣，但我还是不敢确认这就是他的天赋。"天赋"这两个字对我来说，存在着距离感、仰视感。我想他只是鹦鹉学舌，而不是真的理解。比如，他说光的波长，什么是"波长"？因为我不懂，所以我就判断这应该不是他能懂的。但是，即使他是在复述，也值得我鼓励，于是我高兴地夸赞了他。

我一点都不吝啬的鼓励让他很开心，他尽量地想办法描述，试图让我理解，尤其是我不懂的地方。看到我理解了，他特别高兴。看来帮助父母搞懂一件事，也是一个孩子的快乐。我也由此知道，这孩子爱上了科学。

刚满四岁的子钦爱上了科学。

然而大家并不知道，在此之前的几个月里，我们一家人都曾反对子钦看科普讲座。我们不知道他是在学习科学知识，只觉得他是在看一些乱七八糟的东西，这样对眼睛伤害很大。有一天，为了制止他，我们还对他大发脾气，那天，他哭得特别委屈。

那年冬天，我对他发脾气，让他去门外罚站。他害怕极了，偷偷回头向里面张望，他看不到里面，我却可以看到他。我特别心疼他，于是拍下了这张照片。

我很庆幸他没有因为我们的阻止而放弃。其实这件事并不能单纯地怪我们家长，因为这很可能是一个小朋友展现出来天赋的时候，我们家长的普遍反应。原因就在于，我们家长已经习惯了扮演孩子的决策者，遇到事情极容易替孩子做主，殊不知他们作为生命个体，也在自然地生长着。

直到那天，我才确认了子钦并不是随便玩玩，而是出于对科学知识的真正热爱，可怜的子钦终于可以名正言顺地学习科学知识了。他对科学的那种热爱，我非常熟悉，像极了我小时候对艺术的热爱。我十分清楚那是怎样的一种向往和渴望！这就是我想寻找的子钦的"人生兴趣点"。这个兴趣点，在大多数情况下都不是我们家长能够培养的，而是孩子自身展现出来的，绝不仅限于天文物理，可以是任何领域的。但无论孩子的兴趣点是什么，只要是对孩子健康有益的，我们家长都应该支持。就拿子钦来说，如果他最初热爱的不是科学而是其他领域，比如跳舞、唱歌，那我一定会同样地支持他。因为孩子真正需要的，是我们家长能够成全他所热爱的，而不是强迫他过一种我们希望的人生。

木卫二与木卫一有啥不一样？

我：如果地球不适合人类居住了，那太阳系里还有没有一个地方适合人类居住呢？

子钦：有，是太阳系里最白的一颗星星。

我：什么星啊？

子钦：木卫二欧罗巴。科学家们在找地外生物的时候认为，一个星球必须具备三个条件才能有生命，第一个就是有热源，第二个就是有液态水，第三个就是得有有机物。

我：这个星球上面有吗？

子钦：这个星球全都具备。

我：哇！什么是木卫二啊？跟木星是什么关系？

子钦：木星的第二个卫星。木卫一整个就是一个火球。

我：木卫一不行？

子钦：木卫一是个火球。它上面布满了火山。但是它的火山和地球上的火山等级不一样，地球上的火山喷发是"噗"地冒点烟，它不是。它的火山一喷发，岩浆以（每秒）一公里的速度向上喷射，然后喷射两三百公里，形成一个"岩浆树"，向四面散射。而且这样的火山特别多，每天都在不停地喷发，所以整个星球下着"岩浆雨"。一般行星转到太阳背面就黑了，看不见了嘛，而它因为岩浆喷射，像放各种烟花一样，能被看得清清楚楚的。

我：这些你咋知道的？是谁公布的？是谁告诉你的？

子钦：老高讲的。

我：老高是从哪儿知道的？

子钦：他们都是学习科学家的。

我：是哪个科学家说的啊？

子钦：哪个科学家？你以为科学家的名字我都知道啊？

这段对话发生在我发现了子钦的兴趣点之后，那天他刚过完五岁生日，在围栏里就这样跟我比画了一个多小时。大家能从中看到一个孩子在知识海洋中遨游的样子。看到他这样，我才相信，一个孩子有了极佳的学习状态，就真的可以在快乐中绽放，而不是痛苦狼狈、不堪重负。

现在看来，我敢说，这是一个孩子的天赋在得到家长的支持之后的自然发展。可是在当时，我还是认为他只是对科学知识感兴趣，我想就算他热爱，也只是一个科学爱好者，这和未来走上科学研究之路完全是两码事。子钦不一定有那样的天分。

然而，孩子天赋的发展，好像是我们家长拦也拦不住的。在拍摄这个视频半年之后，子钦已经五岁半的一天，我和他的一次对话让我不得不重新审视自己的想法，重新看待他的天赋。那天他对我说："爸爸，我看变形金刚的时候在思考，应该怎样才能制造出来真的变形金刚。"我有点好奇,就问他应该怎样制造。他说:"我认为需要三个条件。"

怎样制造真的变形金刚?

我:如果制造一个真的变形金刚,应该怎么造?

子钦:就是,解决它能量的问题、材料的问题,还有它思想的问题。

我:啊!那怎么解决呢?

子钦:用量子计算机解决它思想的问题。可控核聚变、反物质、能量块,都可以解决它能源的问题。

我:啊!那材料的问题怎么解决呢?

子钦:碳纳米管,它是比木头还轻,但是又比钢铁还硬的一种材料。比木头还轻,硬度又是钢铁的四百倍。

我:是吗?这样的话就能够做一个真的变形金刚吗?

子钦:还需要齿轮,你得了解它怎么运行……

一句"我认为",一下把我带入他的语境,我在想这会不会也是一种发明。他接着说:"第一个是解决它思想的问题,可以用量子计算机;第二个是解决它能量的问题,可以用可控核聚变或者反物质;第三个是解决它材料的问题,可以用碳纳米管。这三个条件'啪'地合在一起,就能做出来真的变形金刚。"

他说完之后，我又继续问这些名词都是什么意思。我惊奇地发现，他能够把在很多科普节目中听到的这些名词解释的片段，分别摘选出来重新组织语言，来解释给我听。在他解释的时候，我陷入了沉思。我认真地问他："'把这三个条件合在一起'，这是你在节目里听别人这样说的，还是你自己想到的？"他说："是我自己想到的！"他的语气中带着一点孩子气的自豪，而我心里不由得想，这应该就是一个人的天赋！

我不得不重视这个孩子的独特之处，重新审视自己应该如何培养子钦。我把除了子钦以外的全部家庭成员请到一起，郑重地表达了我的看法，并请大家支持子钦的兴趣与下一步的学习。我说："如果我们的干预让他将来成了一个碌碌无为的人，那么他拥有一双不近视的眼睛，又有什么意义呢！"

接下来的日子里，子钦就像跨过栅栏、在草地上撒欢的小马一样，快乐地学习了很多科学知识。那段时间是他学习效率极高的一个阶段，他能快速地记住大量的内容，并且尽情地抒发自己的看法，俨然就是一个"知识的主人"。这样的结果超越了我作为家长的预期，相较于这种惊喜，他是不是多背了几个单词或者几首唐诗，已经变得不那么重要了，因为我看到他童真的背后，隐藏着爱思考的头脑。当他在我的面前表达他的认知，我能做的只有鼓励！

自此，四岁的子钦成了"一谈起物理就手舞足蹈的人"。他问我："爸爸，最伟大的科学家是谁？"我说："爱因斯坦。"他说："我想成为'赵因斯坦'。"

于是，在理想的路上，他尽情地奔跑着。似乎是他选择了道路，而我作为家长只是选择了支持。是的，假如他热爱的不是科学，而是其他的什么，我也会选择支持。但说实话，我还是庆幸他热爱的是科学。我觉得人类的发展离不开科学的进步。

从他第一次向我发出信号，到我确认他的天赋，前后经过了一年的时间。在这个过程中，我表现得比较保守和谨慎。经历过这些，我才感受到，其实家长朋友们完全可以更加放松，把这个过程当作一件十分有趣又值得纪念的事情。经历了这个过程，我又查阅了一些资料，我发现大多数孩子的天赋都是通过一次偶然的事情被激发出来，从而被家长看到的。之后有些家长会像我那样，经过一段时间的观察来进行确认。其实我们将前后贯穿起来，就会发现孩子在偶然的瞬间所展现出来的天赋，和他在此之前的成长有着必然的联系。我们家长只要做到留心观察，发现孩子的天赋就是迟早的事！

确切地说，子钦是在临近四岁的时候萌发对物理知识的求知欲的，只是那时我们并没有在意。父母没有在意是很正常的，过早地甚至急迫地确认孩子的天赋并不一定是好事。我们需要给孩子一个缓冲和体验的阶段，这样孩子的天赋才能成长得更为自然。

记得有一部电影的台词是："死亡有两种，一种是死掉，一种是被遗忘。"那些了不起的人，一千年之后依然被人们传颂，就是因为他们的思想和作品还活着，而这一切都源于最初的天赋，源于那个"人生的兴趣点"。

他到底是怎么知道的呢?

第2章
开启孩子的智慧

一、子钦的学习方式

"他到底是怎么知道的呢?"这是让很多网友最不解的问题。甚至有人认为他具有"前世的记忆",说他的学习只是在唤醒那些记忆,我看完吓了一跳。我想大家可能是因为没办法解释他那么小怎么能理解一些深奥的知识,从而这样判断或猜测。大家怎么认为是大家的自由,但我不这么认为,子钦是学而知之,而不是生而知之的。

子钦所知道的一点知识,是靠学习日积月累的。从四岁到六岁,他每个晚上都是听着老师的讲座入睡的。白天,他一旦有时间,就会寻找他喜欢的老师的视频看上几十分钟甚至几个小时,这已经成为他生活的一部分,而这样的生活他已经持续了三年。他在视频里所说的内容,大部分是来自各种科普资料,其中偶尔也夹杂了他自己的想法。而"自己的想法"源于一个人知道得越来越多而自然产生的认识,这就是学习带给我们的最有趣的东西。

最初,他的学习是以记忆为主的,到五岁之后逐渐变成以理解为主。他怎么能理解那些复杂的物理知识呢?就是在这个点上，有些网友觉得不可思议。我想，可能有以下三个原因。

第一，因为他的年龄小，说出这些复杂的东西就有点奇怪。如果把他说的内容换成成年人来讲，大家就会觉得比较正常。第二，不得不承认，我们这一代的大多数人，对于经典物理、量子力学、相对论等知识的认识落后且匮乏。子钦喜欢的多数属于前沿科学，其中有些话题还属于科学家们正在研究的范围。这些高深的学问从一个小朋友的口中说出来，才有人觉得神奇。

说到学科，作为家长，我由衷地盼望小学开设物理课，让我们的孩子早些知道他身边的每一样东西都和科学有关，从而爱上科学、爱上学习科学。有很多像子钦这样的小朋友，都有着对科学的兴趣和目标。如果等到初中再去学习，就错过了最佳的培养期和超强的记忆期，这岂不是白白浪费甚至耽误了我们的人才！

童年是一个人最佳的立志期。孩子在五岁左右，会好奇一切并渴望真理！他们最爱的就是仰望星空，对宇宙的好奇之心，正是他们满满的求知欲。可是绝大多数的孩子都把这种探求宇宙奥秘的愿望，埋葬在了童年。似乎我们成年人大多认为孩子想要了解宇宙的行为是不切实际的，而把孩子变得"市井"看作长大。难道泯灭孩子的梦想，才是我们教育的目标？这就是第三个原因，在子钦求知欲旺盛的童年，在他仰望星空的时候，他探求世界的愿望没有被限制和压抑。所以很多朋友喜欢他因为学习知识而快乐的样子，就好像喜欢童年的自己一样。

很多网友让我把子钦看的资料列出来，我将在附录中介绍一些音频、视频和书。需要说明的是，资料里谈到的内容都是科学领域的，学习科学知识是很棒的事情，但并不是每个孩子都适合，还是需要家长先了解孩子的兴趣、天赋是不是在这个领域，之后再决定是否让孩子深入学习。如果你观察到孩子的天赋不是属于科学范畴的，或者压根就不知道孩子的天赋在哪里，那么前面的内容会更适合你。另外，子钦喜欢的书和课程不一定适合所有的小朋友。网上还有很多其他的优质科普内容，家长可以自行为孩子筛选。

子钦三四岁的时候认字不多，这期间获取的知识主要来自网上的音视频科普节目。他最早接触的是以画面为主的视频，比如《从普朗克长度到可观测宇宙》《噬菌体》《量子计算机》《中子星的形成》等。在此之后，子钦接触了大量的音频，也就是说，子钦学习的知识至少有一半来自"听"，而不是"看"，这是让很多朋友都感到意外的。我感觉对孩子来说，听觉对大脑的激发程度不亚于视觉。当然这也因人而异，我们家长可以观察孩子对听觉和视觉的反应，看哪一个更能激发他的注意力，从而选择不同的内容类型。

在自媒体时代，这类的音视频节目非常多。其中有晦涩难懂的，有生动有趣的，也有滥竽充数和胡说八道的，家长可以帮助孩子过滤，选择那些孩子喜欢看又有知识点的节目。如果孩子接受起来困难，就增加趣味性；如果能接受，就尝试着增加知识性。这个度很重要，直接关系到能否保护孩子的兴趣，相信家长只要细心，就一定可以把握好。

子钦小时候喜欢看绘本，四岁开始接触谈话、解说类的系列科普节目,有时也在家长的帮助下看一些文字书。从四岁到六岁,他每天花一两个小时了解科学知识,个别时候达到了四五个小时,需要家长制止才能停下来。他所看的内容,一部分是他自己选择的,另一部分是我根据他的兴趣和接受度帮他选的。因为是主动地接受,所以他汲取科学知识的专注度比较高,经常可以实现写入式的高效记忆。另外,因为看得多了,他会把不同的内容联系起来,举一反三。

比较小的孩子接触喜欢的知识时,都会有一个共同的特点,就是他们并不关心所学习的内容是不是珍贵的知识,也不关心思考的东西是不是深奥的课题。对他们来说,他们只是喜欢在这条路上奔跑,并不在乎这条路通向哪里。我很喜欢孩子这样自然而然的学习状态。这种没有企图心的学习,是一种纯粹的学习。有企图的学习,能够通过获得成绩而感到快乐;而没有企图的学习,可以享受到知识本身带来的幸福。

子钦四岁开始学习写字。基础的语文、数学我们可以教他,但是科学知识我们也不懂,只能靠他自学。

二、开启孩子的智力

大家觉得，一个五六岁的小朋友，有没有可能理解"时间的相对性""量子力学的叠加态""微积分的原理"？这些我在过去想都不敢想的高深学问，如今，子钦在四到六岁就接触到了。据我观察，他学习的方式是不探究公式推导，而只是了解这些学问背后的道理。这一点我能够理解和支持他，强求理解深奥难懂的公式非常容易让孩子陷入痛苦中，那样会浇灭他刚刚点燃的学习热情，从而彻底地排斥、逃离。他的方式是以兴趣为驱动，把知识储备在记忆里，选择性地理解。在他的学习过程中，首先启动的是智力的记忆部分。

1. 孩子的记忆力

有关智力的解释有很多说法，总的来看，对小朋友来说，智力主要体现在两点上，一个是记忆，另一个是理解。

子钦最初的学习首先启动的是记忆。这个过程对他来说并不复杂，他只是单纯地喜欢这些知识，所以反复地去了解，就不知不觉地记住了。他把知识储存在大脑皮层之后，分门别类地进行理解，然后用语言表达出来，又一次加深了理解和记忆。

理科和文科不同，是不适合死记硬背的。数理化需要理解原理后才能应用，但凡要解释一个概念，就会涉及更多的概念。所以想搞懂一个知识,就必须学习更多的知识,而如果真的懂了一个知识,那么很多其他的知识也就懂了。

我个人是反对死记硬背的,所以我一直没有鼓励子钦去背唐诗宋词。但是不得不承认,死记硬背也有它的好处,尤其是对文科来说。所谓"熟读唐诗三百首,不会作诗也会吟",很多功底扎实的文科生就是从死记硬背开始的。我只是希望子钦能做记忆的主人,希望他做个"知其然并知其所以然"的人,而不是一个记忆的奴仆。记忆的主人,会把知识当作帮助自己完成思考的工具,从中焕发出创造力,而记忆的奴仆则会被记忆左右,最终鹦鹉学舌、人云亦云。

只有我们的孩子成为记忆的主人,知识才便于理解和转化,进而融化在孩子的脑海里和生活中。记忆和理解是相互作用的,在记住的前提下,孩子容易理解;在理解的基础上,记忆才会更加深刻。反之亦然。所以不懂的可以先记下来,这样就会慢慢从记忆转化成理解。

对孩子来说,记忆的本质是什么呢?经常听到有人说他的孩子记性差,总是丢三落四。其实,不止孩子,我们每个人都会在不在意的事情上丢三落四,这很正常。事实上,小朋友的记忆力通常都超过我们成年人,一个人在十岁之前记住的很多东西,一辈子都不会忘,这是成年人难以达到的。但是,小朋友超强的记忆力有一个特点,就是只针对感兴趣的事情才发挥作用。他们可以记下来上百个动漫角色以及这些角色的具体资料,却记不住上学要带书包。这是因为对成年人来说,记忆的本质在于兴趣和责任心。而对孩子来说，他们只有兴趣，所以我们不应该否定孩子的记忆力。

这样的否定是比较可怕的，有时候，我们家长会因为孩子不带书包而判定他们"没记性"。如果我们能理解他们只是记不住不感兴趣的事情，而且这是每个人的天性，我们就可以想办法，比如提高他对一件事的兴趣度，增加他感兴趣的事物和我们希望他记住的事情之间的关联性，或者设置每天记住一件事的奖励，等等，来解决问题。

在有关教育的很多问题上，我们家长所要做的就是尽可能地减少，最好是彻底消除我们对孩子的"身份判定"。教育有一个特点，就是我们不能把孩子的问题延伸成问题的孩子。遇到了问题，我们家长只需要解决问题，而不是制造出更多的问题。可是有时候，我们却喜欢把孩子"一棒子打死"，喜欢做"法官"，判定孩子是什么样的人，从而导致更多的问题出现。比如，"你总是说话不算数""你总是不长记性""说多少次都不听"，甚至我还听过"你这辈子没出息""你怎么那么笨"等出自家长口中的话语。太多的"你总是……"可能会使孩子真的成为那样的人。

不要让成年人的武断影响孩子的智力。医学研究表明，三到六岁是人的大脑发育的黄金阶段，大脑基本在这个阶段完成全部发育。这个时期绝大多数的孩子，都拥有惊人的记忆力。他们的形象思维、感官思维、空间思维、发散思维等都在这个时期飞快地形成。也正是这个原因，孩子三岁到六岁才成为我们家长发现孩子天赋尤为珍贵的阶段，不容错过。

四岁的子钦喜欢听爷爷讲故事。爷爷是一位书法家，讲起故事来有声有色的，故事里的形象就这样被子钦记忆在脑海中。

2. 孩子的理解力

记忆力比较容易解释，理解力就有些复杂了。提高理解力，需要孩子思维能力的提高。由于大脑快速发育，思维模式迅速地构建与形成，很多孩子在三岁到六岁就能够拥有很强的理解能力。但是孩子理解事物的角度与成年人不同。成年人的理解能力是建立在经验和概念的基础上的，而孩子的理解能力是建立在空间、图形、感官想象的基础上的。

就像他们不能理解男人和女人的生理差异，但他们十分理解爸爸妈妈的性格差异，所以他们在有不同需求的时候，就会向父母做出选择性的求助。似乎孩子们对很多事物不理解原理,却能理解原理导致的结果。那么问题来了,在这种情况下,我们该如何要求孩子的理解符合我们的理解呢?我们又该如何运用孩子理解事物的特点来提升他们的理解力呢?

和很多小朋友一样,子钦的理解能力在三岁到六岁得到了迅速提高。他对深奥难懂的理论产生了浓厚的兴趣,听不懂也要听,看不懂也要看。这是怎么回事呢?我当时实在是搞不懂他,但是,我并没有阻拦他。

后来我想通了,首先需要解决的是我们家长应该怎样看待"懂不懂"这个问题。我们的要求和认知,决定了我们如何去评价孩子的理解能力。那么如果我们在主观上出了问题,无论孩子懂不懂,我们的判断都将是错的。在这种情况下,我们很难和孩子"同频共振"(详见第3章第一节中的"教育的'光'与'电'"),于是就出现了我们越是把"懂得"作为目的,孩子就越难搞懂一件事的情况。

教育的本质,是要成全他人的进步,而不是证明自己的高明。事实上,我们对这个世界是没有办法真正搞懂的。我们家长的任务,是不要泯灭孩子的兴趣和天赋,而不是去纠结他懂不懂。况且,我们觉得他懂了,他也未必真懂了;我们觉得他不懂,也许他已经懂了,可能比我们还懂。

聊聊电磁波

我：电磁力靠什么传导？

子钦：光子。

我：光子是我们说的可见光吗？

子钦：不是，光子不是可见光的最小单位，光子是所有电磁波的最小单位。

我：是这样啊。电磁波又是啥呢？

子钦：电磁波包括伽马射线、X射线、紫外线、红外线。

我：这样啊。

子钦：也包括可见光。

我：可见光只是电磁波里边的……

子钦：一小部分。

我：一小部分？我们看眼前，比如说我们把灯都关了，什么也没有，会有光子吗？

子钦：会，光子不一定只存在于可见光中，你听没听过一句话叫光子的波粒二象性？

我：我听过。

子钦：波粒二象性就是，光有波的属性，也有粒子的属性，光既是粒子也是波。

我：这么神奇啊，你说光子可以穿过看着透明的玻璃，是吧？那它会不会穿过铁呢？

子钦：能。

我：哦，也能穿过铁，我们看不到光。

子钦：它看铁就是透明的，但是可见光谱里有一种可见光是没有的。

我：什么是没有的呀？

子钦：品红色。

子钦告诉我：我们人类能看到的只是可见光，而可见光只是电磁波谱中的一小部分；我们听到的声音，也是声波中的一小部分，频率在二十赫兹以下的次声波和频率在两万赫兹以上的超声波，我们是听不到的。他说完我就想，我们的嗅觉、味觉，我们的眼、耳、鼻、舌、身、意，应该都存在着同样的局限。

既然我们人类从根本上就存在着认知的局限，那么我们对事物的理解怎么可能不片面呢？既然每个人都是片面的，那么学习知识就不能一概而论，需要利用这个人理解事物的特点，来提升他的理解力。

从这个角度看，提升孩子的理解力就变得不那么难了。我们家长只需要为他们设定一个理解的边界，以"比孩子现有的理解程度多出来一点点"为最佳。把握这个度，让孩子处在一个"既知道确定的知识，又对可以去挖掘还有一点不确定的东西感到好奇"的状态中，此时孩子就会非常乐意去探索深一层的知识。

比如"李白斗酒诗百篇"，这一句诗让孩子知道了李白是一个在喝酒后善于创作的潇洒诗人。那么我们就可以根据不同孩子在不同的时间和空间条件下的感兴趣程度，鼓励他们对知识进行深一层次的探索。就像这句"李白斗酒诗百篇"，再深一层，这首诗的全文是什么？再深一层，这首诗的时代背景是什么？再深一层，李白真的那么洒脱吗？他真的不想当官吗？再深一层，从李白的一生来看，性格对一个人的命运有什么影响……

理解知识，有着不同的层次和维度。因为每个孩子的情况都不一样，所以单纯地追求对知识的理解深度是没有尽头的，也是不科学的。我们家长需要根据孩子的具体情况，来判断他适合学到知识的哪一个层面，然后才能去谈他对知识的理解程度。我们把目标定为发掘孩子的兴趣度，而不是仅仅增加知识的深度，情况就会越变越好。具体怎么做呢？其实很简单，就是我们观察这个孩子，如果他对知识的下一个层面出现了探索欲，就可以继续深入；缺少探索欲的话就可以打住了，停留在那个"最佳的边界"。

与此同时，我们可以通过和孩子交流、玩游戏等方法，营造学习的快乐氛围，提升孩子在知识层面的认识，那么对知识更深一层的探索，就将是他的自发行为。当学习本身拥有了乐趣，"懂得"就变成了一件附赠品。

我们成年人生活在一个"概念"的世界里。为了方便交流，我们给苹果取了个名字，叫"苹果"。而对于孩子们来说，他们可能不知道"苹果"这个词，但是他们却知道苹果的形状、颜色和味道等。尽管他们不表达，但是在他们的眼中，花非花，木非木，他们所感受到的只是事物本来的样子。

这就有点像做一道题，他们不知道计算的过程，却知道答案。从这个角度看，孩子们从小到大学习的过程，就变成了一个学习计算方法来验证已知答案的过程。所以，所学的计算方法和已知答案之间的关联性，就是孩子们学习兴趣的源泉。也就是说，明白知识和现实事物之间的关系，才是他理解能力的根源。

可能有人觉得我的话越来越拗口、越来越难以理解，那么我举个例子，假设一个孩子经常逃学去钓鱼，我们会因此判定这个孩子贪玩、不爱学习。

现在我们换一个角度理解，假设这个孩子有钓鱼的天赋，同样是钓鱼，就数他钓得又大又多，我们都不如他。好，现在让我们来问他几个问题：什么鱼在什么情况下，用什么鱼饵、鱼竿、鱼线，用什么方法才能钓上来？他会给我们讲一番道理，听得我们很佩服，因为这些道理来自他的实践总结，所以他非常笃定，这是他的已知答案。

问他的以上几个问题，我们稍作深究，就会发现里面涉及了生物学、物理学、数学等知识。可是这个孩子在上课学习这些知识的时候，并没有跟他钓鱼的爱好结合起来。他不知道上课所学的知识和他生活中的爱好有关联，所以他根本没有兴趣去理解那些枯燥的计算过程，只会选择逃学去钓鱼。

那么如果把这个孩子的爱好和对知识的学习结合起来，会是什么样呢？很可能他相关学科的学习成绩，会是周围孩子里最好的。所以我说，计算方法和已知答案的关联性，是孩子学习的兴趣所在；明白知识和现实事物之间的关系，是孩子理解能力的根源。而像爱因斯坦这样的伟人，连已知答案都不能够满足他，他要按照自己对事物的理解，设定一个新的答案，然后去验证，并且最终取得成功。

正是由于千人千面，关于教育的很多问题并不容易说清楚。我想说的是，好的教育，就是善于拉近知识和现实生活的距离的教育。而拉近距离的方法，就等于提高孩子理解力的方法。在我们看来，这些方法在不同的人身上变幻莫测，似乎毫无规律可言，所以难以落实。但事实上，这些方法都基于孩子的兴趣和天赋。尤其是十岁以下的孩子，兴趣的力量远远大于他的责任或者自律的力量。在兴趣和天赋的作用下，他们一旦知道了一个概念，就特别善于与他们的生活相关联。当他们知道了更多的概念，还会去分析、类比、重新组合，按照他们的逻辑，进行概念之间的互相关联，所以这个时期才会成为教育孩子、提高孩子理解力的黄金时期。

0—6岁，是教育孩子的黄金期。

银河系是什么样子呢?

我:仙女座星系核是啥?

子钦:仙女座星系核是一个巨大的恒星密集区,非常耀眼,但是它比银河系大好多。

我:现在我们银河系的形状是准确的吗?

子钦:不是,我觉得不是。

我:为什么呢?

子钦:因为我们在银河系里看不见啊!只能跳出去才能看见,那些样子都是他们模拟出来的。就像你在一个山上,你能知道山是什么样子的吗?

我:不能。那我们能不能跳出去呢?我们飞得最远的距离到哪儿了?

子钦:出了日光层了。

我:日光层是什么东西呀?

子钦:日光层就是太阳风能照到的最远的范围。但是还有一个两光年球体,奥尔特云(要穿过奥尔特云才能出太阳系)呢!

我:哎哟,那太大了呀!那人类的什么东西正在往奥尔特云飞呢?

子钦:旅行者1号和2号。1号飞得更远,都飞出日光层了。

我:它是怎么飞出去的?中间要经过什么呀?

子钦:它要经过月球、木星、土星、天王星、海王星、柯伊伯带,然后到日光层,就是木星在这里,旅行者1号从这儿,

"咻",直接给甩出去了。

我:甩出去了?这是什么方式?这种方式叫什么呀?

子钦:应该叫"引力弹弓"。

我:哦!它是靠什么燃料飞出去的?

子钦:核燃料。

子钦说"我觉得银河系的样子不准确",就是他在用自己的方式去理解记下来的知识。这句话让我看到了一个五岁孩子的思考。

子钦就是在这个时期,知道了一些概念之后,自己去理解和体会,再尝试把这些概念联结起来。所以,与其在意孩子懂不懂,还不如帮助他们按照他们的理解去多体会一点。体会能产生好奇,好奇了,孩子才会去学习,学习让孩子有了更多的体会,然后再去学习。如此循环,孩子的理解力就会螺旋式地提升。而孩子这种提升的速度和效率是非常惊人的。孩子越好奇事物的奥秘,就越想知道事物的本质。只要我们家长不限制他们的这种行为,他们就会自己去追求一种"知道"。

"追求一种知道",才是每个孩子自然的行为。追求的过程,就是他们理解的过程,就是把知识"内化"的过程。所以我们不必介意他们知道多少概念、术语、公式、诗词,我们应该在意的是,他有没有"内化"的能力,即所谓的理解力。只有那样,知识才能转化为智慧。

四岁半的子钦在海边发现一颗小石子，他很喜欢那些看似普通的小石子，会装起来带回去观察。每个孩子都有自己理解世界的方式，这是由他们对世界的好奇而产生的。

3. 智力之外

　　智力的复杂性，在于它不仅仅包括记忆力和理解力，还包括思维、观察、想象等能力。对"记住的知识"深信不疑，有时也会限制人的想象力。一个人对事物的理解、思想体系的建设，需要知识，也需要感悟。

　　就像写书法的人有句话，叫"功夫在字外"，是指人对外界事物的认知水平，可以影响他自身专业的成就。那么在开发孩子智力的同时，我们支持孩子做点什么，可以更有益于智力的发展呢？

　　在我们小的时候，学校倡导德、智、体、美、劳全面发展。

现在长大了,我才理解了这样做的意义。让我们来看看德、体、美、劳的培育可以对孩子的智力形成怎样的影响。

德育可以树立孩子的三观,坚定孩子的理想信念,而理想信念可以成为孩子进步的动力。体育为孩子储备了学习的精力。身体健康是一切的基础,充分的锻炼可以帮助孩子顺利地从"身体运动"切换到"大脑活动"状态,从而提高学习的专注力和效率。美育提高了孩子的审美,对培养孩子的想象力和分析、判断、鉴别、选择的能力都有帮助。劳育培养了孩子的动手和执行能力,有利于孩子对理论的理解和应用,为孩子的创造力的实现提供了支持。

基于这些原因,孩子放学以后,我们可以带他去运动;放假的时候,可以带他出去旅行。我们可以给孩子买一些实验的工具、教具、玩具,让他想动手的时候有动手的条件。我们可以支持孩子多一些业余爱好,比如画画、唱歌、听音乐,甚至是一些相对冷门的爱好,比如航模、魔方,等等。

比如,我专门找了不同风格的音乐放在车里,让子钦自己选择喜欢的来听。我对他说:"以前去幼儿园的路上,你都是听科普的。现在上小学了,爸爸接送你的时候,你想听科普还是音乐呢?选择权在你!"他认真地想了想,说:"去的时候听音乐,回来的时候听科普。"我马上同意并执行,后来我一分析,他选得也对,早上上学的路上听音乐,让人一天都有精神,回来的路上听科普,让这一天有收获。

可是一听音乐，新的问题出现了，每一首曲子都有不同的乐器发出不同的声音，他竖着耳朵听，不停地问我："这是什么乐器？这是什么声音？这个又是什么……"一首曲子听下来，他最多能问几十个问题，我十分崩溃！学物理的话，我还能给他查找答案，这个连查都没法查！

孩子就是这样，他们有着强烈的好奇心和求知欲，支持他们的好奇心和求知欲，就是在帮助他们开启智慧！在生活的不同方面，我们都可以帮助孩子扩展思想的维度。科学能塑造人的理性认知，而艺术却可以滋养人的感性。有趣的是，科学研究和发明往往需要一点感性。

我们的生活中到处都是科学，任何时候都可以和科学扯上关系。就物理学来讲，学者们把它分为实验物理和理论物理，这两者的先后关系十分有趣。一种情况是通过实验发现理论，即"实验先行"，可以让本来没有兴趣的孩子喜欢上科学；而另一种情况是"理论先行"，理论先被推导出来，然后再通过实验去验证。让"理论先行"的孩子做点实验，可以让他们了解科学在现实生活中的应用，保护他们的科学兴趣，子钦就是第二种情况。

其实，最好的实验，是把实验从实验室搬到孩子的生活里，搬到他的心里，这才是我们家长应该做的事情。我们再怎么用心，陪伴在他们身边的时间都是短暂的，只有把学习变成现实生活和理论知识的相互验证，把这颗实验的种子埋在他们的心里，知识才能转化成应用，孩子的智力才能得到真正的开发。

这些都属于读书以外的智力开发。注重孩子德、体、美、劳的发展，对孩子的智力开发具有良好的正向意义。同时，在这个过程中多多陪伴孩子，对我们家长全面地了解孩子，创造更多亲子交流的机会，达到有质量的陪伴，也好处多多。

支持孩子的好奇心和求知欲，就是在帮助他们开启智慧。

三、开发孩子的思维

1. 学什么才有用

大多数网友喜欢子钦,都是因为他是一个"知识型"的小朋友,但我在"科学小子钦"的账号中也看到过这样的留言:"让孩子学这些没用的干吗?"

其实这位网友说了一个不小的问题。探索孩子应该学什么,实际上是在探索一种教育观。我们整齐划一的教育观,形成了孩子们单一的出路。当然,这不是谁能一下子改变的,但我们家长到底应该让孩子只学习课内的内容,还是应该鼓励他按兴趣广泛地汲取知识呢?我们应该怎样通过发展孩子的天赋,为孩子的未来预埋一个"个性"的选择呢?

孩子学什么,才更"有用"?另外,什么是"有用",为什么要"有用",有什么用?

有时候我觉得,之所以有"钱学森之问",就是因为大多数人认为学习必须"有用"。因为"有用",我们才能生存,所以我们渐渐忘记了对世界本质与生命意义的思考与探求。失去了根本性的思考,学习就变成了揣摩考官意图的"押题工具",学习的作用,就只能用考多少分、挣多少钱、能不能成为"人上人"

来衡量。而事实上，不可能每个人都成为"人上人"，孩子不应该是"考试机器"，他们应该是新时代的开拓者。"实现自我"和"打败别人"有着本质的区别，每个孩子都可以成为更好的自己。

作为家长，我们总是习惯于把学习当成上学期间做的事，而事实上，学习应该是伴随一个人一辈子的事情。那么我们要不要留下一个空间，去关心孩子的探索欲，支持他们课外的学习呢？我和子钦，就是这个做法的"尝试者"。这带给我们很多的好处，比如，他在喜欢的领域变得更加博学、更加自信，他爱观察、爱思考，对很多事物都有着自己的看法，这些对他综合素质的提升起到了带动的作用。

总有一天，孩子都会成为"社会人"，他所学习的所有知识将会形成一个体系，来帮助他认识社会。到那时，有些目前看似没用的知识，可能就会起到意想不到的作用。

病毒，是这么一个东西

子钦：我告诉你，就是病毒啊，它只能在细胞的内部才能繁殖，在其他地方它就繁殖不了。但是细菌不一样，细菌可以自身繁殖，病毒不行。病毒既是非生命也是生命。

我：这怎么解释呢？

子钦：就是处于非生命和生命的状态，是这么一个东西。

我：这么一个东西呀！

子钦：嗯，你看树木和木头都是一种材质的，都属于木头。但是树可以自身繁殖，木头不能，所以一个是生命，另一个是非生命，树是生命，木头是非生命。

我：病毒能在哪里存活呀？

子钦：它在细胞外面，就像粉尘一样，就像灰尘一样。但是一旦在细胞内部，它就会展现出活性，就可以繁殖。

我：那细菌呢？

子钦：细菌可以自身繁殖。它虽然比细胞小，但是比病毒大。

我：哦，细菌比病毒大呀，病毒很小，是吗？

子钦：嗯，细菌是可以有细胞结构的。

我：病毒没有吗？

子钦：病毒就是一个蛋白质外壳加一些DNA，就完事了。

我：DNA是什么呀？

子钦：就是遗传物质。有的病毒里的是DNA，有的是RNA。RNA也可以遗传，叫RNA遗传。

大家看这段对话，有兴趣的学习非常容易让孩子养成良好的学习意识和习惯。在这之前，我以为子钦的兴趣是在天文物理方面，没想到他的兴趣覆盖了科学的各个领域。这让我感觉到，小朋友对知识的兴趣虽然会有一个大的范畴，但一般没有明显的细分。他们对一个专业产生兴趣，很可能会延伸到相关的各个领域。更多的涉猎可以让孩子形成"举一反三"的思维，他们会自发地对知识进行横向联系，这对他们学习其他学科、提高思维能力都有促进作用。

教育有一个特点，就是我们需要站在孩子未来的角度，来决定我们今天的行为，而不能用我们今天的行为，来决定孩子的未来。这是一种充满着不确定性的未雨绸缪，要真正做好是非常难的，所以我们家长不必担心自己做不好，做不好才是常态。承认自己的不足是向好的开端，就算做不好，我们也不用太自责，毕竟我们不知道未来是什么样子的，我们不是预言家。

人类正处在一个惊人的加速发展期。科技对人们生活的改变，在过去的三百年超过了过去的三千年，在过去的三十年超过了过去的三百年。谁能保证我们对未来的判断就能跟上发展的步伐呢？

在今天，基础知识像个门槛，专业知识像个饭碗。未来还会这样吗？有人统计互联网的发展，每七年就会跨越一个时代，我们在2G时代学习的内容，已经无法适用于4G时代的工作与生活了。现在已经进入5G时代，我们此时所掌握的，同样无法适用于未来。如果说5G时代可以实现万物互联和虚拟现实，那么6G时代将迎来更新的产业和生活方式。等到7G时代来临，我们的孩子正好长大，那时世界的样子一定会吓现在的我们一大跳。今天的考试能手们，还会不会是那个时代的开创者呢？

我们现在的写字量和读书量与过去相比明显减少，但是我们的打字量和观看量却在增加，同时我们对知识和信息的摄取量也在增加。传统的学习形式发生了变化，学习的内容也在随着应用环境改变。就像在古代，人们写毛笔字；而今天，毛笔字成了只有少数人了解的艺术。未来，当人类通过虚拟现实就业的时候，通过生物科技大幅延长生命的时候，通过可控核聚变提供能源的时候，也许我们的孩子正值壮年，这些都将由他们这一代人来实现……如果时代的发展必然会进入高速的轨道，那么我希望，孩子不要做只知道标准答案的考试能手，而要做善于思考、敢于创造的学习能手。

今天的孩子和我们家长小时候不一样，他们学习的内容和方式都在与时俱进。比如，有些国家的学生进考场时可以携带计算器，这是因为计算器作为工具，已经远远超过了人的计算能力。在这种情况下，考核学生一些能够通过网络搜索到标准答案的题目，将会越来越失去将知识转化成能力的意义。孩子们需要的不再是超越工具的能力，而是使用工具、发明新工具的能力。社会的发展总是超前于规定的框架，每次能源和信息革命都伴随着失业浪潮。如果有一天，软件技术可以实现同声传译，每个人都可以用几十种语言交流和写作，现有的计算机语言已经被淘汰，每个人都可以使用"脑机"进行编程，知识更新的速度已经超过了出版一本书的速度，那么我们的孩子学什么才能适应时代的发展呢？

说实话，今天的孩子需要学习的东西太多了，而且貌似还要不断加码，学得越来越多。我们家长该如何帮助孩子在学习的道路上分清主次呢？为了避免出现"选择恐惧症"，我们不妨化繁为简，只问自己一个问题：如果只选择一样东西，那么你会希望你的孩子学会什么？

我希望，我的孩子学会思考，拓展思维！

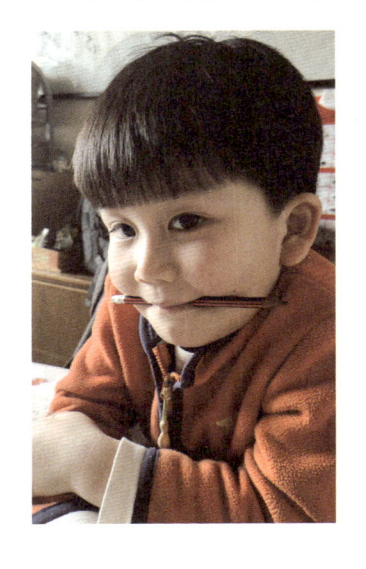

和每个孩子一样，子钦有时候很顽皮，包括学习的时候。

现在的孩子比以前的孩子更加见多识广，他们更有条件接触广泛的学问。

2. 学会思考，拓展思维

为什么要学会思考、拓展思维呢？有人觉得只要多学知识，人就有了智慧。其实，知识本身并不能直接发展成智慧，这中间存在着巨大的鸿沟。而思考，就是这个鸿沟上的，从知识通向智慧彼岸的桥梁。

我们学习知识，掌握一些概念，虽然概念有助于理解，但理解却不能依靠概念，而是依靠我们对世界的思考。就像爱因斯坦取得伟大的物理成就，从某种意义上说，就是源自他少年时代在马赫的影响下养成的哲学思维。

思考能帮助孩子对知识进行理解与转化。今天多数孩子的学习都只运用了记忆力,而更有益的学习需要充分调动孩子的理解力。理解力的提高,得益于孩子思维能力的提高,这些往往是在书本上学不到的。

"思维能力"这个词有点抽象,该怎么理解呢?有一次我听了林群院士的报告,给了我一些启发。他说:"假传万卷书,真传一案例。"他赞成少而精的学习,赞成深入地研究一个案例,这样可以搞清楚知识的原理。他说定理需要道理,证明是为了发明。而我们的教学只告诉学生定理和证明的过程,而没有告诉学生定理的道理,没有启发新的发明。

我想林院士是希望我们的孩子具有搞清楚知识原理的求知精神,能善于发明,而不是一味地复制;希望孩子们不满足于刷题、解题,而是学会提出新的问题。

"提出新的问题",这太重要了。我们看那些获得诺贝尔奖的科学家,他们不会对已经有答案的问题再去做重复的解释,他们的很多发现、对未知领域的研究都源自他们对固有的知识,甚至是常识的质疑。与此相比,如果我们努力的终点仅仅是答对别人的问题,考满一百分,那就如同嚼着别人吃过的口香糖,还在比赛谁吹的泡泡最大。

能够提出新问题的人,一定是有新思维的人。思维是什么?网上的解释是把思维力作为智力的一个分类,包括理解力、分析力、整合力、心算力等十几项内容。其实思维并不复杂,它就是一个人思想的维度。思维力就是一个人多方位思考的能力,思考本身也是一种天赋。不过这种天赋和自律不同,是属于普遍存在的、多数人都有的本领。可能有人不同意我的观点，确实，有的孩子就是爱琢磨、爱研究，而有的孩子就是不爱动脑筋。但是绝大多数人在喜欢的事情上，都是愿意思考的。我们判断孩子是否具有思考的天赋，就可以以他是否能够多维度、多方位地思考一件事为标准。

举个例子，我的一位同学就是在学习上懒得动脑筋，但是他打麻将的时候简直太聪明了，他的记忆力和分析力在那一刻令人惊叹，这怎么解释呢？就像我之前举过的钓鱼的例子，我们没有办法判断那个逃学去钓鱼的孩子，就是个贪玩的、不爱学习的人。所以我说思考是多数人都有的本领，只是并不是每个人都会多维度、多方位地思考问题。不过有一种情况是会让人丧失思考能力的，就是僵化的教育，它是人类思考能力的天敌。我们看到人们被传销洗脑，就是这种情况的极端状态。

那么，怎么培养孩子的思维力呢？我们可以从培养孩子爱动脑筋的习惯入手。比如，经常和他们讨论问题，带着他了解世界、开阔眼界，有机会接触一点哲学，鼓励他独立地，并且以不同的角度思考一件事。

不得不承认，我们的教育有时候固化了孩子的思维。孩子常常为了答出我们认为的标准答案，而忘记了进一步地反问，从而失去了进一步思考的能力。如果我们希望下一代可以成为发明者，而不是模仿者，那我们就需要鼓励孩子们的创造性思维，使他们养成动脑筋的习惯。我们家长可以尝试这样一种方式，即运用家长自己的"观察者视角"来观察孩子到底是只会答出标准答案的"刷题者"，还是具有独立思考的"提问者"。

自学的小孩，看不懂也要看

我（问看英文视频的子钦）：你能听懂吗？

子钦：没事。

我：没事是什么意思？我是在问你能不能听懂。

子钦：我主要不是在听。

我：那你是在干啥？

子钦：我主要是在看。

我：能看懂吗？

子钦：看不懂多看呗！我还想看呢，你一直想给我找的那个，就是红外线波长的那个，我还没看呢。

我（看到韦伯望远镜）：哇，它是这样的啊，这上面黄色的是黄金吗？

子钦：是黄金，真的。

我：那需要很多黄金吗？

子钦：三克，不到三克。

我：是一块不到三克，还是所有的加在一起不到三克呀？

子钦：加在一起不到三克，说明它非常非常薄。得给它铲平了，所以它看上去很薄。你看那个金色的东西，就是围着月亮转的那个,漂亮不?

我:真漂亮,这叫什么望远镜?

子钦:韦伯。

我:它发射了对人类有什么改变吗?

子钦:它是人类已知最厉害的、最牛的望远镜,比哈勃望远镜还要牛,还要厉害,早就比开普勒、TESS厉害了。

我:TESS也是个望远镜吗?

子钦:嗯,NASA,这是NASA的标志。

在这段对话中,我就正在运用"观察者视角"。这是一种在全局意识下重点发现的视角。我们运用这种视角所观察的对象,可以是孩子的好奇心和探索欲,也就是他们的兴趣和天赋,并以此来判断他们是否在多维度地、独立地思考问题,进而尝试培养孩子的思维能力。我摸索的具体方法是:

第一步,以"观察者视角"来判断孩子的思维能力;

第二步,通过鼓励孩子做一个"提问者",来养成孩子进一步思考的习惯,启发孩子的创造性思维;

第三步,通过孩子的提问,引导孩子后续的学习(详见第4章第二节中的"了不起的'后续'"),培养孩子的思维能力。

无论使用什么方法,我们家长都需要不辞辛苦、勇于尝试,同时我们不用担心自己做不好。好的教练,不一定是个好的队员,但一定是个好的观察者。可能有的家长觉得这比较复杂,不愿意去尝试。这一点我十分理解。关于教育孩子,不管我们家长怎么做，都属于个人的自由。但我还是希望家长们多一点思考，因为想要开发孩子的思维，确实需要我们付出更多的努力。

我相信多数人都是愿意思考的。即使我们不愿意去思考，也要相信人的思维是可以不断提高的。只要我们不对孩子进行固化的教育，孩子的各种能力，甚至是兴趣点，都是可以锻炼和培养的。

多么顽皮的孩子，都有沉静的时刻。
观察他们的不同时刻，才是好的观察者。

四、引领孩子的学习——"费曼学习法"

我第一次知道"费曼学习法"还是因为看到网友的留言，说子钦的学习用的就是"费曼学习法"，于是我赶紧去搜索，结果真的很像。似乎是我在误打误撞中，用上了一个科学的方法。

"费曼学习法"是让学习者把所学的知识，用简单、通俗的语言讲给不懂的人听，如果不懂的人听懂了，那就说明学习者真正理解了这个知识。这确实是个好方法，子钦的学习正是这样的，他最初为了满足自己的好奇心而去了解知识，然后在我的询问和激发下，把这些知识讲给我听。为了便于我这个外行能够听得懂，他尽量用直白的语言，并列举一些形象的例子来说明，这一过程恰巧符合"费曼学习法"。

理查德·费曼这个人，在吴京平老师的讲座里有过介绍，那一课的名字叫《别闹了！费曼先生》。从这个名字不难看出，费曼是一位"调皮"的物理学家，他经常和周围的物理大师开玩笑，搞点恶作剧。他发明的这个"费曼学习法"，也明显地不按常理出牌，是一种"让听课的人去讲课"的方法。

在了解之后，我认为对十岁以下的孩子来说，使用"费曼学习法"需要满足几个条件。

第一，学习者主动地摄取知识，并且具有较好的记忆、复述、理解能力。大多数孩子，在他感兴趣的领域，都能符合这个条件。

第二，学习者需要自己先"搞懂一件事"。这就需要他们有去研究、去探求的劲头，或者有举一反三的习惯，这样才能理解复杂的东西。就这一点来说，"费曼学习法"非常适合开发孩子的天赋。因为天赋特别容易调动孩子的求知欲和探索欲，容易驱使孩子超出常规地对该领域进行深层次探索。

例如，物理学里的"钟慢尺缩""时间的相对性"十分难以理解，而一旦想通了，就会很开心。其实对孩子来说，"费曼学习法"需要的不是他们真的懂了，而是他们觉得自己懂了；需要的是他们由这种"理解感"带来的表达欲。这是我们家长可以利用的特点，就算他们一知半解，一样可以尝试。

第三，学习者需要一个好的表达对象。对孩子来说，这个对象需要像说相声的捧哏一样，能够激发他的表达热情，形成两个人的"同频互动"。这个"捧哏"需要具有相当的耐心，得和孩子"走心"，能玩到一起并聊到一起。在和孩子交流时，这个表达对象最好能运用一点心理学知识来控场，控制学习的节奏。比如，我是子钦的父亲，又因为他而对科学怀有好奇，所以适合干这个活儿。

第四，学习者需要运用最简单的语言，把复杂的事情说清楚，"让不懂的人听懂"。这很有趣，学习者的目的是让"笨蛋"明白一件事，所以他会自己想办法讲明白。有几次子钦给我讲，我就是听不懂，最后把他气哭了。对于这一点，我们在日常的生活中要尽量帮助孩子养成多举例、多类比、多反向思维的习惯。

我和子钦是在不知道有"费曼学习法"的情况下，在两个人的互相激励和补充中，完成了这一学习过程。完成之后，我俩都有不小的收获。感兴趣的家长也可以试试"费曼学习法"，虽然对比较小的孩子来说有点难，但是其主要的难点，只是在于如何让小朋友自主地投入到讲解的状态中。我在和子钦的交流中发现，只要孩子的知识积累达到一定程度，尤其是他认为比你懂得还多的时候，就比较容易触发这种状态。

我举个例子，元素周期表是让很多高年级学生头疼的东西，光背下来就特别难，况且还要知道每个元素的符号和原子序数，难上加难。而子钦了解元素周期表的过程就是一个自然而然的过程。原因并不是他有多么聪明。就算他是个聪明的孩子，如果是在不知道原理的情况下硬背下来，那就属于鹦鹉学舌，这并不是我希望的。

那么他是怎么在五岁的时候接触元素周期表的呢？他在学习元素周期表之前，就喜欢看对各种元素的讲解。在"本质菌"老师的视频合集里，他看到过各种元素的有趣实验，并且通过这些实验，对各个元素的特性有了一定的了解。了解了这些知识之后，他经常头头是道地跟我讲各种元素在不同条件下的反应，它们的特点、用途，等等。

实际上到了这一步，我已经很知足了。如果对标"费曼学习法"，那么他已经做到了，已经没有必要再背什么元素周期表了。我觉得学习的意义在于了解知识的原理，但凡网上能查到的，就没有必要再去死记硬背。但是有一天，他在袁岚峰老师的主页上看到了"元素歌"，很感兴趣。听着听着，他自己就唱下来了。看到这种情况，我就给他买了一张元素周期表挂在墙上。

那天他看到这张表，特别高兴，跟我挨个聊起了这些元素。我发现他在看那些元素的时候，不是在看那些复杂的文字，而是在看每一个元素的形象，以及它们在实验中的变化。这对他来说，就像看到了一个又一个熟悉的小伙伴，讲解时有的是严肃的反应，有的是惊讶的反应，有的是哈哈大笑的反应。

比如，他看到汞，告诉我汞遇到铝会有什么反应，这就是飞机上不让带水银温度计的原因，又告诉我这和镓遇到铝有什么不同。那么镓在哪里呢？他又主动地去元素周期表上寻找镓。当他看到铀，他就想到了铀-235和钚-238是怎么回事，想到它们可以制造原子弹，人类还可以研究制造出来钨弹……

对他来说，了解眼前的这张元素周期表，看似就是买来那一天的事情。但是之前了解这些元素的过程，却长达几个月。有了这几个月的基础，不用要求他背这个周期表，他也自然地做到了。做到了我也没有夸奖他，因为我觉得没有必要背下来，真正有意义的不是能背下来，而是一个孩子对那些元素的奥秘产生的兴趣。更有意思的是，在此之后的某一天，他和妹妹玩的时候，我听见他妹妹嘴里嘀咕着元素周期表上的元素，她才一岁半，还不怎么会说话，竟然也能背下来几十个元素。当然，妹妹这种背法就属于鹦鹉学舌，所以也没得到表扬。

巴塔哥哥和小可爱妹妹。
好学的哥哥对妹妹有着不小的影响。

小朋友理解的质能方程

我：你给我讲讲质能方程吧。

子钦：我给你写。

我：好，你写吧，这是什么？

子钦：$E=mc^2$。

我：这是谁发明的方程？

子钦：爱因斯坦，Albert Einstein。

我：这个方程是什么意思？你给我讲讲呗。

子钦：能量E等于质量m乘以光速c的平方啊。

我：质量和能量之间的关系是怎么样的呢？

子钦：相互转化的。我给你举个例子，就是现代生物中可以用到的一个例子，氢弹可以将0.7%的质量转化为能量，然而反物质却可以将100%的质量完全转化成能量。

我：哇，那我们现在能实现吗？

子钦：实现不了。核聚变可以，但是不能长时间，中国可以实现十秒钟（当时的数据）。

我：核聚变可以转化多少，百分之多少的（质能转化）？

子钦：差不多不到1%，比氢弹多。我告诉你，核聚变，它就是把两个核"啪"地压成一个核就完事了。

这就是"费曼学习法"的典型应用。这时候的子钦已经五岁半了，我明显感觉到，新鲜有趣的物理知识对他来说变少了，他需要就某一项深入一点地学习了。只有基础扎实了，才能度过学习的瓶颈期。于是我们开始让他了解数学和化学，一方面保护他的兴趣，另一方面鼓励他独立思考。

在家长们尝试使用"费曼学习法"的时候，我的建议是不要拘泥和刻意套用这个方法，而是做到自然。一个愿意说，一个愿意听，就已经够了，至于效果如何，不必强求。权当是检测一下自己有没有陪伴孩子共同成长的耐心，不要太在意最后的成果。一切都是水到渠成的，你若花开，蝴蝶自来！有时候，不在乎结果的努力，才会收获更好的结果！另外，网上还有比较多的学习方法，家长在条件允许的情况下都可以试试，但是都要根据自己孩子的情况来调整，不要过于刻板。同时，我不建议大家在影视段子里寻找教育孩子的方法，我是一名电影导演，知道那些是编剧编出来的故事，真实生活中的父母要比他们难得多。从自己的实际情况出发，才能找到适合自身的方法，从而开启孩子的智慧。

在日常生活中，我们和孩子在一起交流时，就可以使用"费曼学习法"。

五、让孩子越玩越聪明

你相信吗？"玩"可以让孩子提升智力、爱上学习，可以解决我们家长遇到的大部分问题。

我喜欢看子钦专注学习的样子，那种汲取知识的状态，像饥饿的人扑在面包上一样。我更喜欢看他尽情玩耍的样子，孩子的快乐对我这个家长来说太有感染力了，让我立刻想参与其中，和他一起玩耍。学习像是他一个人的事，而玩却使得我们两个人都有收获。直到后来，我才慢慢地发现，对于小朋友智力的开发，在玩当中，居然隐藏着很大的学问。

子钦一岁，刚刚会说话的时候，我在他面前故意东张西望地说："哎呀宝宝，我看不到你了，你在哪里呀？"他着急地把脸凑到我面前，越贴越近，喊着："在这里，我在这里啊！"有时说好带他一起出去玩，临近出门的时候，我故意对他说："我和妈妈出门，可不可以不带你呀？"他十分着急，会一下子说出很多话，或者做出一些有趣的反应，来争取和爸爸妈妈一起出去玩。我抱起他并赞同他的说法："好啊！那我们就一起出去玩吧！"

我在逗他玩的同时，也在进行一种"锻炼"。通过日常的接触，刺激他对我多说话，并且把意思表达清楚，从而锻炼他的语言表达能力。他两岁的时候，我俩在家里玩，我让他想象自己坐在车上，我假装手里的方向盘往左拐，我们俩就会往右倾斜，往右拐就会往左倾斜，最后我俩玩得倒在地上哈哈大笑。我想锻炼他的反应能力，以及形象地理解复杂关系的能力。

那时候，我俩经常玩"警察抓小偷"的游戏，小偷在角落里偷东西，被巡逻的警察发现，警察举着枪说道："不许动，放下枪，举起手来。"小偷按照警察的命令一一照做，但最后突然拿起枪反抗，于是警察抢先开枪，打倒了小偷。我们俩分别饰演警察和小偷的角色，轮番进行。为了增强代入感，我们尽量采用有真实感的道具。在游戏中，他很快就把"不许动，放下枪，举起手来"这几句有递进关系的台词明确地表达出来，并在多次的重复中，根据对手的反应，掌握了语言和动作的节奏。我想通过这个互动的游戏来锻炼他的"声台形表"。

说实话，我没有办法断定，子钦不到三岁就能清晰地运用语言来表达自己的想法，完全是这些锻炼的结果。因为这里面还存在天赋、性格等原因，孩子们的表达能力来自天赋和后天的锻炼。但是一直到现在，子钦和陌生人在一起，还是不爱说话、不爱表现，这就源自他的性格。

虽然我不能断定，和孩子在玩耍中学习、进步，对孩子产生影响的比重到底有多大，是不是"1%的天赋加上99%的努力"，但是有一件事我可以确定，就是和孩子一起玩对我这个当爹的有着很大的好处。当我们俩玩起来的时候，我能看到他天真的状态，从而使我更加了解他。通过玩，我知道了他的知识架构、理解能力和语言风格，知道了他的笑点、痛点。久而久之，表达各自的想法，成了他和我之间沟通的习惯。通过这些互动和沟通，我和他建立了独有的、充满默契的沟通模式。我们可以用他发明的"外星语"聊天，虽然我也不知道聊的是什么，但在情绪上是互通的。有时候我递一个眼神，他就心领神会，他显露出一个细微的表情，我就能猜到他的心思。

太阳系里最热的行星

我：你刚才说要在地外找到适合人类生存的星球需要三个条件，都有哪三个条件？

子钦：一个是有热源，还有一个是有液态水。

我：还有一个是什么？

子钦：还有一个就是有有机物，木卫二这颗星上全都具备了。

我：那你觉得火星具备吗？

子钦：木卫二大气层主要成分是氧气和二氧化碳，这就和地球非常像了，所以二氧化碳和氧气这种东西在宇宙中是非常普遍的存在，我们地球并不是之一（唯一）的，有很多个。

我：有很多个啊？还有什么呀？

子钦：还有个超级地球。

我：超级地球是什么东西？

子钦：有一个科学家发现了，在离地球有一段距离的地方还发现了一个太阳系。

我：我的天哪，什么情况啊？你能不能给我介绍一下这个太阳系，给我讲讲？

子钦：也是金、木、水、火、土。

我：那金星上面有金吗？木星上面有木吗？水星上面有水吗？

子钦：水星是离太阳最近的一颗行星好吧，它都烤干了。

我：烤干了呀？

子钦：其实最热的并不是木卫一，而是金星。

我：是吗？那木卫一刚才你不是说都是火山，还没有金星热吗？

子钦：没有，在金星上不是被窒息，就是被压碎或烤焦。压力太大，人骨都支撑不住了。

我：人的骨头支撑不住了，为什么？

子钦：压塌了嘛。如果一个人在地球上，在金星上"哧"（被压倒）！

我：哎哟哎哟，成这个样子了！

子钦：但是它没有卫星。

我：啊，它没有卫星。

子钦：要是有卫星的话，那我估计它上面应该像太阳一样。

我：太阳为什么热？

子钦：木星核心的温度比太阳表面的温度还高，海王星上真的有水。

大家可能不知道，子钦并没有表演天赋，拍摄他的视频都没有脚本，都是我在生活中即兴抓拍的。他在性格上比较放不开，难为情，可就是这样性格的他，却在镜头中尽兴地谈论宇宙。对我来说，我是在和他聊天，而对他来说，他就是在跟我玩。在玩中，孩子的天性、大脑的活跃度、记忆力和语言能力都会得到最好的释放。充分地利用玩来帮助小朋友爱上学习、启发智慧，这是我教育孩子最有效的方法，没有之一。

去科技馆玩的时候，给子钦拍了张酷酷的照片。
每次去博物馆，他都不是我想象的兴奋的样子，而是开心中带着些许严肃。

  有一个游戏，我和子钦已经玩了两年多。在游戏中，他给我起的名字叫"超级战舰"，他自己叫"时空超级战舰"。我们这两艘战舰从地球出发，向上升空，他说我们的战舰首先会来到对流层，我问他什么是对流层，他就给我做一番解释。之后我就问他再往上会到哪里，他说会来到平流层，接着我们聊平流层有什么特点。然后经过中气层、热层、卡门线，进入太空……

  就这样，我和子钦展开了漫长的宇宙旅行，在这个已经持续了两年的旅行中，我们遇到种种稀奇古怪的人和事，进行了无数次惩恶扬善的战斗。在游戏中，他可以做任何设想，但是他随口说出的物理词汇，我会询问这个词的出处和原理，它的物理意义或者相关的影响是什么。如果他说的是人类已知的词，那他的解释就得有依据；如果是未知的，他也得给我解释这个词是怎么来的。否则怎么和敌人战斗呢？游戏就没法进行了呀！

比如，说到光子，光子是什么，是谁发现的，它是人类发现的第几个粒子；人类发现的第一个粒子是什么情况，第二个是什么情况……遇到了黑洞，我就会问他宇宙里有几种黑洞，几种黑洞都是什么，有什么不一样，"霍金辐射"是怎么回事……遇到类星体，我会问他什么是类星体，它是在什么时间由谁发现的，那个时期都发现了什么，都是咋回事……这些是人类已知的，他会告诉我他所知道的答案。

那么光子武器是什么？它能不能对付电子武器？巨引源、暗物质团、暗能量……对于这些人类未知的，解释起来就没办法严谨。所以只要靠点边，就可以天马行空、大胆想象。

不管是已知的还是未知的，我们都经常遇到回答不上来的问题，于是我就开始查，查出来就说几句原理，查不出来的我就在心里做个记号，以后再说。然后赶紧继续玩，毕竟那一刻，我们还是以玩为主。

一开始玩这个游戏时，我并没想巩固他的物理知识，我只是想多花点时间陪伴他。他童年的每一天都不会再来，我只有用陪伴的方式去珍惜。可一玩起这个游戏，我看他那么投入，就想借这个机会锻炼他的语言能力。于是我就说我们玩可以，但你得讲出来游戏中即将发生的故事啊，时间、地点、人物、事件总得有吧！还有今天的新型武器，这都得有吧！

让一个孩子即兴地创编出一段在星际旅行中遇到的新故事，这是我在和他玩的过程中，不知不觉地培养他写作的能力、设定人物关系的能力、语言组织表达的能力，同时也在考验他的科学知识储备。

其实他所编的故事，无非是先有时间、地点、人物，再有个正、反方的遭遇，然后使用什么样的科技武器，最后正义战胜邪恶。但是在故事里，我发现孩子的思维异常活跃，注意力特别集中，想象力也变得非常丰富。他的思绪任意驰骋，随心所欲地创造一切。他可以发明宇宙中的第五种力——来自宇宙大爆炸的"暗力"；他可以发明"生物电武器""时空瞬移战舰""意识能量波""胶子武器"……

于是，但凡我希望他在哪方面有所认识或者提高，只要在游戏中设置相关的情节，他就会十分专注地接触和运用。用他的话说，就是他的"门"处于完全打开的状态。

如果家长朋友也想和孩子试试这个游戏，完全可以在这个游戏中，循序渐进地加入你希望孩子学习的任何东西，比如"造句武器""唐诗武器""方程武器"。就我而言，我并没有刻意地在游戏中增加学习的量，而是比较在意子钦的情绪，在意他有没有过瘾。我希望他的情绪得到尽情的释放；另外，我更在意他思想的解放，不管多么小的故事，我都希望看到他的想象力和创造力。想象力和创造力，就像是为云朵披上衣裳的霞光，美好而又稀少。一个是"情绪的释放"，另一个是"思想的解放"，都是我们童年梦寐以求的东西。

他喜欢的游戏

子钦：你先发射一个中子弹，"咚"。

我：咱们俩得说原理啊，中子弹是什么弹呢？

子钦：中子弹就是以中子为能量（注：以高能中子辐射为主要杀伤力）的弹，中子是一个叫查德威克的人发现的。

我：哦，查德威克是谁的学生？

子钦：是卢瑟福的。

我：中子是第几个被发现的粒子？

子钦：是第四个。

我：第三个是什么？谁发现的？

子钦：光子，是吴友训和康普顿发现的。中子星啊！每一立方厘米有几十亿吨重。

我：那中子弹有没有这个威力？

子钦：有。

我：那我们应该怎么办？发射一个什么武器给它（拦住）？

子钦：光子可以定住它。

我：光子为什么可以定住它呢？

子钦：可以把时间给它定住。

我：为什么光子能把时间定住呢？

子钦：是因为光子的时间不流淌，把它的时间锁定了。

我：那你告诉我光子的时间为什么不流淌？

子钦：是因为光子的速度太快了，速度越快时间越慢，当速度达到光速的时候，它的时间就变成零了，时间是不流淌的。有质量的物体，它的速度只能无限接近光速，但无法达到光速，而没有质量的物体，它的速度只能是光速，不能改变，也不能停。

我：这样子啊！

在这个游戏中，我和子钦温习了有关中子和光子的知识。除了温习知识，游戏还能拓展我们的想象力。一直到子钦上了小学，他还常常提议玩一会儿这个游戏。于是我们在游戏里加入了越来越多的角色、剧情、道具，当然还有知识点。这场持续了两年的游戏，对我来说，是难得的亲子时光。而在他看来，这是他生活中最开心的时刻。为了这一刻，他经常动脑筋研究制作游戏中用到的道具。看到我不是很忙，他就会抱着他的毛绒大狗和新制作的道具来到我身边，很自然地对我说两个字：

"来啊！"

"来干吗？"

"玩啊！"

"哦，好啊！"

"今天啊，可又多了一个角色……"

子钦邀请我一起玩"时空战舰游戏"时的样子。

后来我经常琢磨，孩子为什么贪玩，为什么那么喜欢玩，有什么可玩的呢？对孩子来说，是不是玩才是真正的学习，才是他唯一的专心汲取知识的状态呢？

那么总是玩，会不会让孩子变得不够自律，缺乏毅力呢？说实话，我不这么认为。或许，这世上根本就没有什么自律、毅力。以前的长辈看不惯晚辈玩手机，常常批评、唠叨，后来他们发现智能手机很好玩，还不是一样玩得很欢。从人性的角度看，如果抛开了信仰、愿景、兴趣、收益等满足感作为动力，自律根本不存在。

不过，有一种努力却是与性格有关的，有的人就是喜欢较真、钻牛角尖。这是他们的一种天赋，他们的性格里有一种喜欢探索的精神，他们喜欢"搞清楚一件事"所带来的成就感。与这相反的性格，就是随遇而安、不求甚解、浅尝辄止。

那么，一个不求甚解的孩子，能让他变得较真吗？人的性格能改变吗？我觉得在一定程度上是可以的。所谓"江山易改，本性难移"，指的不是性格，而是本性。在物理学的原理中，万物都存在惰性，热量总是从温度高的地方流向温度低的地方，而不会自发地从温度低的地方流向温度高的地方。要想让热量从温度低的地方流向温度高的地方，就需要给它做"功"，我们的鼓励、体罚，都是对孩子做的"功"。有效的"功"，就能够减少人的惰性。

那么什么才是有效的"功"呢？这是我费心思考的问题。我认为，让孩子"产生兴趣"、觉得"好玩"，就是解决惰性的好方法。虽然目前还没有一个系统的、完善的理论，但是在游戏里，我似乎发现了一点东西。

为什么孩子都爱玩电子游戏呢？因为游戏公司投入了巨大的资金和人力，根据人性的需要，采用极致的视听手段，刺激人分泌多巴胺，为玩家提供各种满足感，让人欲罢不能，使得无数孩子沉迷其中。而我们的教育设计，有没有像游戏开发者那样去投入，有没有从人性的角度，让学习者得到快乐感和满足感呢？

由此看来，游戏，是不是可以扩展成帮助孩子提高学习效率的工具？怎么讲呢？让我们假设，有这样一款角色扮演的游戏，孩子从上幼儿园起，就在游戏里扮演了一个角色。无论是文史哲还是数理化，无论是需要孩子掌握的一个个知识点，还是希望孩子养成的好习惯、好性格，都是游戏中设置的小任务。孩子学习的过程，就是打游戏的过程。游戏里的角色伴随着孩子成长，每一次期中、期末考试，都是角色的一次升级。游戏中还设置了各种各样的奖励、装备、收益等，可以让孩子们陶醉在学习的"快乐陷阱"中不能自拔。

那时候，我们家长最苦恼的就是孩子每天沉迷于学习。随着角色等级的提高，角色可以自主地研发项目，在不同的领域取得成绩，角色可以获得游戏王国的认可、奖励、收益，他们可以成为耀眼之星。而孩子们的发明，也将应用于人们现实的生活中……

也许这只是我不切实际的设想，也许这也是未来网络发展的方向。玩是不是开启教育宝藏的密码？能不能帮我们的下一代高效、系统地获得知识？这是一个庞大的工程。我作为普通的家长，也只能凭空想象。但无论如何，我们都可以肯定地说，玩可以成为我们家长培养孩子的有效工具，合理地利用玩，可以让我们事半功倍。甚至，我们可以在最简单的玩耍中，和孩子一起接触最高深的学问。

平时尽量创造条件，和小朋友一起玩。
孩子的学习与智力的开发，在很多时候都可以融入各种家庭游戏中。

六、激发孩子的创造力

在有关智力的解释中，除了记忆力和思维力，还谈到了观察力、注意力、想象力。综合这些智力的因素，再加上执行力，就能体现一个人的创造力。那么孩子的创造力，该怎么发掘和培养呢？

1933年10月，爱因斯坦在伦敦皇家阿尔伯特音乐厅演讲时说："是自由，给我们带来了各种知识上的进展和发明。"没错，人的发明创造需要精神层面的自由，自由的环境提供了适合的机遇。对家长来说，支持孩子天赋的目的，就是让他们能在未来某一天发挥创造力。孩子需要精神层面的自由，这种自由就体现在他们在知识面前，有一种主人翁意识，可以做知识的主人。

无论是艺术家，还是科学家，但凡了不起的人，都一定是有创造力的人。而创造力这种东西，单靠教是教不出来的。这至少需要四个条件：专业的能力、综合的素养、独立的思想、适合的机遇。在以上四个条件中，专业的能力和综合的素养是可以通过学习提升的。但是这里面有一个矛盾，就是如果把"学习提升"的要求过多地加在孩子的身上，就会形成学习的压力，而压力会限制他们在知识面前的主人翁意识，容易使孩子变成知识的奴隶，从而影响创造力的发挥。所以无论学习压力有多大，我们都不能忽视孩子的自然成长。

那么我们该如何在孩子自然成长的过程中,发掘孩子的创造力潜质呢?答案就在于独立的思想,独立的思想直接反映了孩子做"知识主人"的诉求。那么我们又该怎样判断孩子是否具有独立的思想呢?这里有一点,需要引起我们注意,就是孩子经常传达给我们的一种信息,只要我们留意就可以看到,这个信息就是他们身上展现出来的对知识的质疑。

爱质疑的小孩

子钦:巨齿鲨也是鲨鱼。

我:哦!这本书里有巨齿鲨吗?

子钦:没有。巨齿鲨,它比一般的鲸鱼都要大,它主要捕食鲸鱼。

我:它太厉害了吧!

我(读书):太阳位于太阳系的中心,它是距离我们最近的恒星。

子钦:不准确,由于木星超大的引力,太阳系的中心并不是太阳,太阳也在公转。

我:怎么可能?书上写的可是太阳是太阳系的中心,你看看这儿。

子钦:由于木星这超大的质量,太阳不是太阳系的中心,只是比较趋近于中心。

我(继续读书):恐龙是远古的动物,它距今三十八亿年了。

子钦：不一定长这个样子哦！

我：啊？

子钦：恐龙不一定长这个样子。

我：为啥呀？

子钦：因为这是按照骨架推测出来的样子，恐龙不一定长这样，用骨骼推测不一定准确。

我：啊！我们人类现在认知的东西很多都不一定准确，是不是？

子钦：对，就比如说你从来没见过猫，给你一个猫的骨架，你能推测出猫长什么样吗？

我：不能！

这段对话发生在子钦五岁时。那时候的子钦，有了一点空间几何的思维和在物理方面的直觉，有了一点思考和分析的意识，以及在不经意间流露出来的质疑精神。那段时间，我们一起看书，经常会看不下去。比如，我翻开一页书给他讲：宇宙中有四种星系，分别是什么……讲完之后，我考他宇宙中有几种星系，他却默不作声。我说："你倒是说啊！"他突然有点着急，指着书说："它说四种，但这只是它说的四种，宇宙中不一定就这四种啊！"

我又翻开一页，看到书上的火星图画，他说火星不是这样的，没有这么多环形山；看到书上说太阳是太阳系的中心，他说由于木星超大的引力，太阳不在太阳系的中心，而是近似于中心。他说时间都是相对的，没有绝对的时间；他说达尔文的进化论只是一种可能,而不是确定的;他说我们是根据恐龙的骨骼来判断它的样子的,不一定准确。那一刻,四岁多的子钦在我面前一边比画一边说,我看着眼前这个小娃娃,特别担心他以后上了学,老师会怎么对待他!

我意识到这样的表达,可能代表着一种独立思考的精神。于是我先去查证,知道了他的质疑多半来自老师的讲座,也有一些是见到的内容与自己之前了解的知识产生了冲突,相互碰撞出来的思想火花。我开始思考,我作为家长应该怎样应对孩子的独立思考意识。

在很多孩子的心里,没有什么是被限制的,也没有什么是绝对正确的。重视孩子对知识的质疑,就是重视他们的独立思考意识。

独立思考意识有时候是把"双刃剑"。我们从小长到大,很难遇到需要独立思考的环境。在更多的时候,选择做一个具有独立思想的人,就可能冒犯或者得罪人。从历史上看,独立的思想可能被视为异端。似乎在我们的认知里，做孩子只要顺从就好，做学生只要学习就好，做员工只要工作就好，做人只要听话就好。

那么，我们家长还要不要支持孩子的创新意识，让孩子做一个有主见、不随波逐流的人呢？

这次的选择，对我来说有点难。选择支持，就意味着我将不能要求他做一个"听话"的孩子，而是需要越来越多地支持他自己的判断。然而做一个"不听话"的孩子，会遇到多少指责？我仿佛看到他的未来，经常被误解、排斥，仿佛感受到他心中的委屈。但是最终，我还是选择支持他做一个有独立思想的人。"听别人的安排"就能变得卓越，是一种罕见的幸运。我所知道的人类贡献者，都是有独立精神、坚持自我信念的人。只有有主见的人，才是知识的主人。

妥善地利用孩子的质疑，可以培养他们在知识面前的主人翁意识，从而使他们产生独立思考。独立思考使知识转化成人的工具、能力，最终激发他们的创造力。于是，我开始像在乎他的兴趣一样，在乎他的质疑，并适当地鼓励他养成一种科学的精神，敢于质疑、敢于探索、敢于实践。

孩子的独立思考能力是能够培养的吗？其实，这并不需要刻意地培养，孩子生下来就是一个独立的个体，然后我们通过教育，把他的天性、灵感、创意通通"规范化"，使他变成和大家一样的人。所以我们只要少一点"禁锢"，少一点约束，那些残留下来的独立思考意识就足够他成为"不听话"的人了。

但是"不听话"并不等于独立思考，这就像任性不等于个性、抬杠不等于质疑。那么我们如何判断孩子的"不听话"是不是独立思考，如何把"不听话"转化成孩子的独立思考呢？

孩子的任性，是一种无知的个性。好的个性不是表现他的性格，而是表达他的思想。好的个性会让人感到充实，而不会令人厌恶；好的质疑会让人有收获，而不是感到羞愧。

当我们的孩子怀疑或者否定的时候，我们可以观察他有没有更好的思考和认识，是不是能在否定的同时提出更好的建议。如果不是，就可能是为了质疑而质疑，为了个性而个性。我们可以利用这些机会，帮助孩子塑造好的人格。

所有的"不听话"都代表着孩子的自我意识，他们的自我意识未来通常会有两个走向。

第一是非理性的发展。要么是在各种打磨下棱角全无，趋向随波逐流的盲从人格；要么是自我放任，趋向以自我为中心的唯我独尊的人格。

第二是理性的发展。他们通过独立思考来表达更好的认识；他们有主见，同时也注重他人的感受；他们热爱学习、勇于创新，既能认识自我，又能发现世界。在运气好的情况下，他们中的少数人会成为人类的贡献者。

孩子自我意识发展的原动力，来自他的好奇心和探索欲。而好奇心与探索欲的关系，就是孩子兴趣和天赋的关系。兴趣驱动了好奇心，天赋驱动了探索欲。我们家长要支持孩子的天赋，引发他们在某一个领域的探索欲，从而使孩子获得更多的知识和感悟，引导孩子把那些所谓的"不听话"发展成为理性的观点和见解。

好奇心和探索欲的关系，就是孩子的兴趣和天赋的关系。

这样下去，孩子就将以思想为起点，以探索为过程，逐渐发挥他的创造力。而令人惋惜的是，我们常常以抑制孩子的好奇心和探索欲为代价，让孩子变得听话。如果有一天，孩子对这个世界失去了好奇心，那么他的创造力也会随之消失。

太空电梯

子钦：未来人类面临一个重大问题——太空电梯，它能达到十万公里！它就这么长啊！地球外面一圈有一个轨道，叫作静止轨道，就是卫星始终可以保持在你头顶的位置。电梯（在这个轨道上）往地面上伸根绳，就可以了。

我：它能修那么高吗？

子钦：能！但是现在不行，现在还没有掌握这个技术。现在地球上所有成熟了的非常硬的东西都制造不了。因为那些东西建太高了的话，由于离心力，自己就断了！所以要找到一种超轻、超硬的材料。其实日本的一个科学家在碳纤维中发现了纳米碳纤维管。这个东西呀,特别适合做太空电梯。它比合金还硬,但是比木头还轻。

我:哇!这个东西太好了,那就生产一点这个碳纤维管呗。

子钦:不行!因为它是一种分子技术,得一个分子、一个分子地做,而且感觉十万公里有点太长了。

我:哦,那就是说理论上是能实现的吧!

子钦:嗯,但是得等个几十年、几百年!

我:为什么呀?

子钦:因为现在不能实现那种分子技术嘛,而且还需要十万公里的远程输电。

我:哎哟!远程输电不用电线吗?

子钦:不行,得用无线的方式,不能用有线的方式。其实不用十万公里,只要有两万公里,地球上所有地方就都可以远程输电了!

太空电梯尚属于人类的设想,它的作用是往返于地球表面和太空之间,实现人和货物的运输。这样的话题很能引发孩子的好奇心和探索欲,这些了不起的科学构想也有可能在我们的孩子这一代变成现实。孩子们承载着创造未来的使命,他们需要创造性的思维。只要我们家长善于发现孩子的发现,并适当地给他一点鼓励,就是在支持孩子葆有好奇心和探索欲。事实上,我们的孩子几乎每天都在发现,都在向我们传递着他具有创造性思维的想法。

举个例子，刚上小学一年级的子钦，某天早上醒来后忽然对我说："爸爸，应该还有比光年更大的单位。"我一想，是啊！我们已知的宇宙已经有九百三十亿光年，为什么不提出一个更大的单位来方便计算和理解呢？但是我很好奇他一个六岁的孩子，怎么会有这样的想法，于是我问他："这是你听讲座里说的，还是你自己想到的？"他说："是我自己想到的。"

人的创造性思维，从不拘泥于固有的框架。在生活中，我们经常听到孩子们说出类似的充满创意的言语，但我们常常只会当作趣事一笑而过，不会意识到这就是他们的创造性思维。

其实在这个时候，哪怕是给出一句轻描淡写的肯定，或者是进行一次深入的探讨，都可以鼓励他们的创造精神，促使他们积极地用自己的脑袋去思考世界。很多重大的发明创造，就是来自那些看似无用的对世界的想象与思考。只有拥有了自己看世界的视角，才有可能发现并弥补这个世界的缺憾。正因为如此，才会诞生出那些改变我们人类生活的创造与发明。

而扭曲的环境，比如说驯化式教育和踩踏式竞争，是对孩子创造力极大的伤害。所以，怎样小心翼翼地帮助孩子认识世界、坚定自我，尽可能地使他们不要丢失自我思考和创造精神，就是我们家长的最难之处！

让我们的下一代少一点模仿、多一点创造，我想这才是教育真正的任务。抓住孩子的某一点天赋，并支持他们成长，让他们在渺茫的机会来临的时候，具有在这个领域做出贡献的可能性。这也许就是我们作为普通的家长，为了这个伟大的任务，所能做的一点点微小的准备吧！

保护孩子的质疑精神，培养他们独立思考的能力，有助于发展孩子的创造力。
我们的教育培养了太多的缺少创造力的"考试能手"。
希望他们这一代孩子成长起来，能有机会诞生更多的有创造力的人才。

相信孩子，相信自己。

第 **3** 章
发展孩子天赋的方法

孩子的天赋被发现,固然是件好事,但是发现了就完事了吗?不是的,发现不是我们的目的,不浪费孩子的天赋才是目的。人的天赋就像一簇火苗,它可以点燃森林,也可能瞬间熄灭。所以真正考验我们家长的,是发现孩子的天赋之后该怎么办。该怎样发展孩子的天赋呢?如何帮助孩子坚定信念,并且持续地进步呢?

一、信任：发展孩子天赋的根基

1. 相信孩子，相信自己

在"科学小子钦"账号的私信里，我被问得比较多的问题是："我该怎样发掘我家孩子的天赋呢？"我很高兴看到这样的问题，因为只要家长有发掘孩子天赋的意愿，这个孩子就是幸运的。那么发掘孩子的天赋，一般需要什么条件呢？我们又该怎么面对遇到的具体问题呢？

我们绝大多数家庭都会选择尽可能地支持孩子的发展。我们家长买最好的设备、请最好的老师、花很多的钱，我们以为这就是为孩子天赋的发展创造最好的条件。确实，这一切都属于正向的反馈。但是并不是说正向的反馈，就一定会带来正向的结果。就比如，我们发现一个孩子对钢琴感兴趣，进而判断他有这方面的天赋，于是我们赶紧给他找好的老师，安排时间学习。假如所做的这一切中植入了我们家长的功利心，一旦做过了头，过于要求孩子出成绩、出结果，反而会给孩子压力，从而不利于甚至有害于孩子天赋的发展。不要让压力大于孩子的兴趣，保持孩子的兴趣，比填鸭式灌输知识更重要。这一点十分重要，值得我们家长重视，有很多孩子的天赋就是在压力下萎缩、枯萎的。

除了这些，我们往往还容易忽视一些平时不容易看到的，比如家长和孩子的心理、信念。支撑我们完成艰巨任务的，往往是信念。在孩子天赋发展的过程中，我们家长需要相信孩子，也需要相信自己，这样才能让相信变成力量。

我们家长需要相信自己。有人说要想让孩子优秀，首先得让自己变得优秀。真的是这样吗？事实上，不可能每个家长都变得优秀，孩子能考上大学，我们也得能考上，这是不现实的。真实的情况是，我们家长并不需要变得像孩子一样优秀，也不用给自己多大的压力。我们只需要有一种信念，一种支撑我们努力的信心。

每个生命都有自己生长的节奏，这不是谁能硬性规定的。所谓求人不如求己，求己不如求心。家长能做的，只有结合自己的性格优势和所了解的孩子的具体情况，不断学习、尝试、自省、调整……这样循环往复，去提升认识，探索适合自家孩子的办法，这是需要家长自己扛起来的责任。事实上，在教育面前，大家都是摸着石头过河。即使别的家长已经把孩子送进了名牌大学，也不能代表教育的成功。等到孩子们步入社会，他们的人生会面临更多的挫折和迷茫。

所以，将相本无种，家长当自强。教育我们的孩子，不是教育家的职责。我们与其去指望别人，还不如自己多学习一点，做一些自我的提升。所谓君子不生外慕，最了解我们孩子的人，应该是我们自己。让我们自己寻找一套适合自己家的方式来养育孩子，让我们成为孩子最早的发现者、支持者。

我们家长都不需要优秀了，又怎么去做那个最早的发现者、支持者呢？让我来解释一下，你就明白了。家长的优秀和孩子的优秀，本来就不应该在同一个维度上。就比如，作家的孩子不一定是作家，音乐家的孩子也不一定是音乐家。难道一个数学家的孩子也得是数学家吗？并不是的，成为数学家只代表数学好，却不代表教育好，数学和教育是两个维度。假如一个家长不是数学家，但是他会教育，那么他的孩子也可能成为数学家。

所以我说，并不是只有专业的家长才能培养出专业的娃。甚至有时候，专业的家长更容易给孩子挫败感。比如，一个钢琴家的孩子弹钢琴，在钢琴家的眼里，孩子弹得再怎么好，都一定存在很多的错误。如果这位钢琴家不懂教育，一味地挑孩子毛病，这也不对那也不对，最后再来一个完美的演示。那么孩子面对这位难以企及的家长，反而容易产生挫败感，过多的挫败感会让人放弃本来喜欢的东西。而另一位家长不懂钢琴，但是他懂得鼓励，那么无论他的孩子弹得如何，他都可以赞美与欣赏，这无疑是在帮助孩子建立信心。

所以家长和孩子优秀的维度并不相同。孩子的优秀表现在理想的线路、方向的选择、学习的细节上，而我们家长的优秀体现在宏观的认识、方向的把握、氛围的营造、心理的建设上。有了这些，我们就是最棒的家长、自信的家长。孩子天赋的发展，需要家长的这种信念。我们要坚信："每个孩子都有自己的天赋，我的孩子也不例外，而发掘孩子天赋的人，就是我！"有了这种信念，我们在有关孩子的问题上就会有自己的主见，从而避免人云亦云、自乱阵脚。

家长的自信，能减少孩子的迷茫，帮助孩子建立信心。

家长的这种信念，可以帮助孩子建立自信。相信大家都看到过这样的例子，曾经被众人嘲讽的人，后来却成了做出贡献的大人物。其实，想让我们的孩子有自信，首先家长得对他有信心，这是发展孩子天赋的一个重要条件。事实上，无论我们怎样判定一个孩子，都是我们的主观判断。如果我们真的了解了"别人家的孩子"，就可能发现他在很多方面还不如自己的孩子。当我们选择相信"自己家的孩子"，就会以发现的视角观察孩子，而这时他给予我们的反馈，往往也会赋予我们更多的信心。

有一次，我和一位家长在公园里聊天，他说他的孩子啥也不会，只会"淘"！那时候他的孩子就在不远处玩土。我在想，这位父亲会不会正在扼杀一位土木工程师。"淘"也是一种运动，说明那个孩子的肌肉组织好、心肺功能好、身体的协调能力好。

让我们相信自己家的孩子。"别人家的孩子"只是一句俏皮话，只应该存在于玩笑的层面。做父母的如果真的这么想，就是承认自己的无能，是对困难的妥协、对未来的放弃，也是对自己孩子的羞辱。

如果一个孩子总是听到父母说"别人家的孩子比你好"，这只会打击他的自信，也许用不了太久，他就滋生了自卑感，加深了与父母的隔阂。所以孩子需要我们的信任。每个孩子都像我们小时候一样，一直在努力地告诉父母这样一个信息："你们知道吗？我可以的！你们可以相信我、支持我吗？"有时候，孩子用了最大的力气呼唤，而家长却听不到，最后孩子在绝望中产生了这样的认识：了不起的自己，原来很平庸！

所以孩子非常需要我们的信任，一个孩子只有得到了信任，才更有条件发展他的天赋。但是这里有一点是值得我们注意的，这种相信不是无脑地相信他的一切，而是理解式的信任。

比如，子钦在谈科学知识的时候和背英文单词的时候，完全是两种语气，一种是充满自信的，另一种是底气不足的。在子钦将近五岁的时候，我发现了这个问题，就想跟他聊聊他的优点和缺点，好让他知道自己的优势和劣势。于是我问他："你知道自己的优点是什么吗？"

他当时靠在墙上，有点拘谨地反问："我有优点吗？"

我当时十分惊讶，不理解他为什么会这样反问，他可以通过公民科学素质答题测验，却依然这样不自信。一个不知道自己是不是有优点的人，会不会经常感到自卑和彷徨呢？这些念头在我脑海里一闪而过，我很认真地对他讲："你记住，每个人都有自己的优点和缺点，你也不例外。你会在一些地方超过别人，也会在一些地方不如别人。比如说，你喜欢科学知识，甚至有时候知道的比爸爸都多呢！你所要做的，就是让自己的缺点减少，让优点更棒！"

他听我说完，之前拘谨的样子不见了，感觉他一下子放松了。

一个孩子拿不好一支笔、端不好一杯水，这是他还没有发育好，没有办法控制自己的肢体；一个孩子在人情世故上不能左右逢源，这是他还没有被社会化的表现；一个孩子顽皮好动，这是生长旺盛的表现。这些都需要我们家长的理解和帮助。但是关系到一个人的智慧层面，比如孩子的感知、记忆、想象等能力，我们最好的选择是相信孩子。相信孩子，是我们在看不清道路的时候，迈出来的第一步。

相信孩子，会唤起我们作为家长对孩子的尊重。被尊重的人，才容易建立自信。说到尊重，我们成年人很少想到孩子，即使想到了也不容易做到。因为我们习惯于尊重长辈，却不知道应该如何去尊重自己的晚辈，这是我们以前从没学过的东西。

那么该如何去尊重一个晚辈呢？别担心，在相信的前提下，我们就能学会尊重。你看，我们很难去尊重一个不信任的人，所以一旦我们选择了相信，就会自然地学会尊重孩子的意见。孩子和成年人不一样，他们在心理上向外界真正索求的东西特别少，他们特别容易感动和满足。我们对孩子的尊重，不同于对成年人的尊重，成年人之间讲的是等级关系、尊卑关系。而对孩子的尊重，需要的仅仅是我们对一个生命个体的人格与才华的认可。

正是因为理解和信任，我们和孩子之间才有了平等与尊重。这种尊重不等于溺爱，相反，溺爱才是对人格的亵渎。"溺爱"和"管制"是两种截然不同的教育方式，溺爱是以孩子为中心，满足孩子的欲望；而管制是以家长为中心，不在乎孩子的感受。这两种都是单向的教育。而双向的、平等的教育，是家长尊重孩子的感受，同时孩子也尊重家长的感受。相互的尊重带给孩子更多的自信，使他能够勇于表达自己的见解。一旦孩子习惯于表达，就能给家长更多的反馈，从而帮助家长完善教育的方式，达到教学相长、共同进步的效果。

所以，我们对孩子的尊重并不需要专门学习。孩子对父母是那么宽容，他们非常善于爱和原谅。家长有一点点尊重他们的表现，他们就会忘掉我们之前的不尊重。一个得到了基本尊重的孩子，就具有了表达自己的权利。"表达"可以让孩子参加家庭事务的讨论，这样的孩子自然会逐渐成为自信的孩子。

子钦满周岁的时候，看到了一部动画片《巴塔木》，他喜爱里面叫"巴塔"的角色。有一天他看完动画片对妈妈说："我可不可以也叫'巴塔'？"他说话的时候声音不大，一副害羞且渴望的样子。我们看得出来，如果答应他，他会非常开心。于是我问他:"你是要给自己起个小名,叫'巴塔'吗?"他有点害羞地点点头,我们当即拍板:"就这么决定了,以后大家都叫你'巴塔'。"

他一岁就能自己做主,给自己起一个喜欢的名字,所以我觉得但凡有可能,我们都可以让孩子参与家庭的讨论,甚至由他来做出决策。就比如,后来妈妈怀上了妹妹,我们指着妈妈的肚子对子钦说:"宝宝生下来一定很可爱,但是她需要一个小名,不如你给她起一个吧。"子钦未加思索地说:"那就叫她'小可爱'吧!"在这样的家庭氛围中,我看到了一个越来越自信的子钦。同时,我也在子钦作为孩子的反馈中,体会到了怎样把教育不知不觉地融入日常的生活中。

子钦和初生的妹妹在一起,他给妹妹取了小名"小可爱"。

结合能

子钦：一个西瓜100斤，然后给它分成两半，把那两半合起来放秤上一称，也是100斤，对吧？但是你要是给它分成粒子级别的，比如夸克，你把这些夸克放到秤上一称，完了，1斤。

我：变成1斤了，为什么呢？

子钦：剩下的99斤去哪儿了？这99斤啊，都来自把它们这些粒子结合在一起的能量——结合能。

我：那假如我们把人分成粒子……

子钦：1斤，剩下的99斤都没了。

我：没了？它是什么呀？

子钦：变成能量啦！比如超新星爆炸，爆出来其实很轻的，特别特别轻。只爆出来1%的质量，那99%的质量去哪儿了？就是它变成中微子了。

我：中微子，那有没有可能中微子就是我们身体内部的结合能呢？

子钦：有可能。

我：能量是什么？

子钦：能量E等于质量m乘以光速c的平方。

我：啊！我觉得这个问题特别神秘的地方在哪儿呢，就是我们所说的灵魂，它可能就是一种能量！

子钦：那就太复杂了！

在进行这段对话的时候，我感到既神奇又惊讶。子钦用他学习的物理学知识，描述了人类无法解释的科学现象。揭开这些谜题的那一天，就是人类对物质的质量重新认识的那一天。我惊讶于我居然在与一个五岁的孩子对话时，莫名地提到了"灵魂"。按道理说，我作为成年人，是不可能和一个五岁的孩子谈什么灵魂的。可是那一刻我自然而然地说出来了，我想，这就是他的自信对我的激发。

一个得到父母信任的孩子，会在家长面前敞开心扉，允许家长的"光"照进来，来激发他身上的"电"。家长建立了自信，就会散发出教育的"光"；孩子建立了自信，孩子身上早已存在的"电"就会和家长的"光"产生一种"光电效应"。

2. 教育的"光"与"电"

家长与孩子产生"光电效应"，这应该怎么解释呢？让我们从另一个角度来切入这个话题。我们先提出这样一个问题：孩子的进步要靠谁？是靠父母、老师，还是他自己？我相信很多人的答案都是"靠他自己"。那我们不妨再反问一下，如果这个孩子十分幸运，在学生时代就遇到了人生的导师，能够给予他受用的指导，他的人生会有所不同吗？

我们来看这样的例子，施一公教授在小学毕业的时候，老师说了一句对他有深远影响的话："你将来要给驻马店争光！"再看另一个例子，教育家朱源教授培养了曹原、庄小威等青年科学

建立了自信，家长和孩子就会产生一种"光电效应"。

家。曹原在回忆时提到，初中时听老师说"要是谁能够在常温状态下发现一种超导材料，就很可能颠覆世界"，从此，他的心里埋下了探索石墨烯的种子。

从这些例子来看，似乎就是某个人在适当的时刻说的一两句话，成了影响一个年轻人未来的重要的提醒和激励。而真正的原因是这样的吗？这一两句话，很可能当时是说给很多人听的，那为什么只影响了施一公、曹原呢？问题的关键就在这里，一个人能被影响，并不仅仅是因为他的老师和家长说了什么，还在于他的信息接收端接收到了什么。

那么怎么知道一个孩子希望接收什么样的信息呢？在聊物理学原理的时候，子钦曾对我说："信息是通过电磁波的传递，而传导电磁波的粒子是光子。光子在某些情况下可以释放出电子，爱因斯坦在关于光电效应的解释中说道，能够产生反应不是因为光的强度和数量，而是因为光的频率。"

我想，在人的精神世界里，会不会也是这样一种现象，信息在对的频率下让我们的神经释放了"电子"，于是我们就对一件事很"来电"，人的精神世界里会不会也有着"光电效应"。就好像一百个人说了一万句话都不一定影响一个年轻人，而某一个人的一句话，就可能让他开窍。这就是教育的"光"撬动了思想的"电"。

为什么一句话就可以影响一个人的一生？我想这不是因为说这句话的人有多厉害，而是因为他的这句话和这个年轻人的内心，在那一瞬间形成了"同频共振"。所以，开窍不完全是因为别人教得多、教得好，主要是因为你本身就具有"电"，只是需要对的"光"来激发。

而我们对孩子的教育，正是需要在这一点上有所突破。比如，我们选择一个适合的方法，帮助一个孩子对英语产生感觉，变得"来电"。那么在上英语课的时候，他的注意力是集中的，进步自然是快速的。就像子钦对科学"来电"，所以每当遇到科学方面的新知识，都会主动学习。那么让一个孩子"来电"难吗？什么样的方法，才是适合的方法呢？

很多看似不容易的事情，如果我们理解了背后的原理，就都会变得不那么难，其中也包括让孩子"来电"。首先，想让孩子对一个东西"来电"，"同频共振"就是适合的方法。知道了这个原理，我们就可以创造适合自己孩子的方法。

我举个例子，有一次，我的家人不无担忧地对我说："子钦这孩子造句不行，教也教不会，你得说说他！"

我说："是吗？"其实我的心里一点都不相信，他怎么可能连造句都不会呢？注意，这就是为什么我说，家长只有建立自信，才能焕发"教育之光"。在那一刻，我需要先和子钦"同频"，看看他到底能不能造句。我把他叫过来，说："我跟你玩个游戏，我们要研发一种新的武器，叫'造句武器'。就是当我的战舰攻击你的时候，会说出一个词，如果你能用这个词造个句子，我的战舰就会掉下来摔得稀碎。然后轮到你来攻击我，说出一个词我来造句，看能不能打败我……"

我说这些的时候,他的眼睛瞬间就亮了,我感觉他就要和我"共振"了。我出的第一个词是"漂亮",他看着我逐渐接近他用手机代替的战舰,紧张地作答:"我的妈妈比别人的妈妈更漂亮!"

那一瞬间,他就学会了造句。没错,孩子花了很久都学不会的东西,用对了方法就可能"秒懂"。我用切身的案例证明这一切是成立的。那么家长所要做的就变得十分简单,就是先和我们的孩子形成"同频",进入孩子的世界,就像唱歌要在一个调上一样,要进入他所专注的语境,进入他的理解阶段和范围。然后再和他发生"共振",就是和孩子对知识的理解产生共鸣,帮他们找到恍然大悟的感觉。如果他感到"原来是这么回事",就说明我们用教育的"光"激发了孩子大脑的"电"。

一旦实现了这种"同频共振"的"光电效应",那么无论我们的孩子身处小学还是中学,无论年龄大一点还是小一点,都可以开窍,都不会晚。所以我们家长不要总是焦虑教育孩子来不及了。有的孩子早成,有的孩子晚成,任何时候开悟都可能做出成就。只要我们的孩子能够了解他自己的"电"是什么、在哪里,就不会错过那束照亮人生的"光"。而一个孩子身上的与生俱来的"电",往往就是他的潜能、他的天赋。

当我想到这些的那一刻,我紧绷的神经得到了放松。作为家长,我们可以思考、可以计划,但孩子的未来并不是我们所能左右的。所以我们家长所要做的并不是紧张的教育，而是理智的陪伴，用理解和信任点亮自己的"光"，激发孩子的"电"。孩子人生的路还很长，当我们相信他有自己的成长过程，有自己的生长节奏，我们又何必在孩子的童年就那么慌张。

孩子带给我们的，应该是快乐。

二、无处不在的沟通

我在网上看到过这样一句话："如果你总是批评自己的孩子，他不会停止爱你，但会停止爱自己！"这句话，一下子把我带回到童年，让我这个已经为人父亲的人，回忆起那些沟通的话语曾经带给我的力量。

和孩子的沟通有多难？有没有什么诀窍？我觉得对孩子来说，并没有最正确的沟通，只有最适合的沟通。因为每个孩子都不一样，我们没有办法将一个所谓正确的方法套用在所有孩子身上。即便如此，我们依然可以去了解沟通背后的原理，再来选择适合自家孩子的沟通方式。但是，在做这一切之前，首先我们得知道沟通有哪些层面。

1.沟通的层面

沟通的第一个层面是"我说你听"。这对孩子来说，是最直白的，也是孩子们最容易抗拒的。在这种情况下，比我们还苦恼的是孩子。因为既然是沟通，就需要两个人互相表达，单方面的表达不是沟通，而是指令。可是孩子并没有话语权，他们该怎么去和我们家长表达呢！我们家长掌握着话语权，所以我们经常用自己单方面的指令来代替双向的沟通。

第一个层面的沟通，是我们在多数情况下采用的方式。这种沟通一般有两种具体的表现，一种是柔和的，另一种是强迫的。当我和子钦进行第一个层面的沟通时，我采用的是相对柔和的方式。举个例子，由于疫情，刚上一年级的子钦需要在家里上网课，这样我就有机会在他身边观察他上课的样子。我看到老师在教十位数以内的加减法时，他一直在低头玩。我不确定他的耳朵是不是在听，我也能理解他已经会了加减法，所以只能用玩来打发时间。可是最要命的是，我担心他玩着玩着就玩习惯了，将来无论老师讲什么，他都会去玩！我深感这个问题不好解决。

我把他叫过来，跟他聊起这个问题。首先我在纸上画了一座山，然后对他说："作为学生，你和大家一起学习知识、打好基础，就相当于有一个爬山的你，在山的一侧攀登，要一直攀登到顶峰。这是一个'共性'的你，就是和大家一样的你。"

看到他对我点点头，我继续边画边说："而在山的另一侧，还有另一个你，就是那个热爱科学知识的你，也要攀登到山的顶峰。那是一个'个性'的你，是一个独一无二的，和所有人都不一样的你。"

看到他又对我点了点头，我又接着往下画："只有两个你都到达了山的顶峰，会合在一起的时候形成一个人，那个人才是你理想中的自己，既有扎实的基础，又有独特的本领。那个你，相对于现在的你来说，是一个真正了不起的你。"

我确认他在认真地听，便继续说："然而，这两个攀登高峰的你，一旦有一个不去攀登，最终使得山两侧的你没有办法在山顶会合在一起，那么他们就都会摔下来，你将不会实现你的科学理想。一切，都将成为空谈。"

说到最后的时候，我在画纸上乱画了一下，其实那一刻我很想把画纸夸张地撕碎，来加深他对这段话的记忆。但我还是心软了，怕吓到他，所以没有那么夸张。我对他说："我并不担心那个'个性'的你，但是，当我看到你上课不认真的样子，我开始担心那个'共性'的你，如果养成不好的习惯，你可能都达不到普通的水平。那么难道你希望那个你，爬不上这座山吗？"他摇摇头，我说："那你知道该怎样做了吗？"他又点点头。

这一次沟通，我能确保他听懂了。但是我们要知道，作为孩子，他即便懂了，也不一定照做。这太正常了，我们每个人都是这样，知道和做到之间有着千山万水的距离。人是很难被一段话改变的，如果你想通过一次交流就让孩子发生转变，那几乎是不可能的！事实上，我们家长所需要的，并不一定是孩子立刻的转变，而是他们至少能理解一些道理，并重视我们的话。

既然这样，我们可以首先帮助孩子重视一件事。只要能让孩子理解家长否定他的行为的原因，并点头认可家长的话，就可以在他的心里埋下一个对自己行为的是非观，这样事情就有了一个好的发展方向。下一步，我们和孩子再一次谈到这个问题时，就不会那么费劲，可能你一个小小的提示，他就能想到整个的缘由。慢慢地，孩子就可能真的做出改变。但是，无论我们得到了怎样的结果，都需要避免在这个时候用逼迫、打骂的方式让孩子对一件事产生重视，因为经常那样做坏处比较多，其中之一就是孩子容易产生逆反心理，导致事情变得更糟糕。

沟通的第二个层面是"你说我听"。当然，这不是审讯式的"你说说这是怎么回事"，而是让孩子自愿地、自由地表达。

举个例子，大家看到的我和子钦交流的视频，基本都是这个层面的沟通。网友们经常在评论区开玩笑，说这个爸爸只会说"啊""哦"。其实我的每一个"啊""哦"，子钦都能从里面感受到不同的意思，惊讶、质疑、鼓励、赞叹、认同都在那些"啊""哦"里面。

因为我能看到子钦的兴趣点，所以我和子钦的沟通经常处于"你说我听"的状态。这种状态让我体会到一种幸福，这或许是我作为家长，因为发现了孩子的天赋，所得到的最大收获。"你说我听"的沟通，可以让我们和孩子形成默契。但凡默契的沟通，都需要建立在时间的基础上，它不是一朝一夕形成的。这种默契，正是源自我此前谈到的了解和信任。默契的沟通能够使孩子和家长处于相互理解的状态，在家长和孩子之间形成一种独有的语言，那是一种只有你们自己才听得懂的语言，特别有助于建立家长和孩子之间的心灵沟通。

沟通的第三个层面就是心灵的沟通。谈到沟通，我们很多人第一个想到的就是说话，其实沟通在很多时候，不是说话。我曾经看过一个调查研究，上面说我们的语言本身传达出来的信息，只占综合信息的15%，其他的85%都来自对方的语气、表情、眼神、动作等。比如一个人，他把最好的东西都给了你，无论他的语言多么冰冷，你都能感受到一种温暖。所以在很多时候，那些没有语言的沟通，传递的信息才更加准确。两个有听力障碍的人交流，他们的每一个眼神和细小的表情，都在传递着心中的语言和情感。

事实上，我们和孩子经常做着心灵的沟通，只是有时候太匆忙，忘了去体会。比如，我们牵着孩子的小手，走过一段长长的路；又如，我们看到他从幼儿园门口向我们飞奔过来，我们给他一个紧紧的拥抱。这些都是我们在和孩子做心灵的沟通。一个认可的眼神、一个惊叹的表情、一个鼓励的微笑、一个大拇指，都会让我们和孩子之间有一种"心领神会"的感觉，"心领神会"就是心灵的沟通，也是最有趣的沟通。

每一个层面的沟通，都可以帮助我们了解孩子的特点，发现和发展孩子的天赋，都可以让我们帮助他们成长。就语言的沟通来讲，我相信"好孩子，是夸出来的"。其实这句话也同样适用于成年人。试想，如果你每一次给家人做饭，都会被批评不好吃，那你还会不会认可自己的厨艺，还愿不愿意走进厨房呢？

所以，"好孩子，是夸出来的"！但是夸奖里面有很大的学问，并不是所有的夸奖都能产生动力，也不是所有的批评都令人沮丧。那么我们家长到底应该如何和孩子沟通呢？

两岁的子钦和爸爸在海边。经常和孩子聊天，就是一种沟通。

2. 和孩子沟通的注意事项

首先，我们应该达成这样的共识，就是在大多数时候，我们和孩子的沟通都不是单纯地为了夸奖孩子或者批评孩子，而是希望通过语言表达出来的这些评价，能帮助孩子成长。那么这时候的沟通就涉及心理学和方法论，以及我们作为人的情感，也就有了具体的注意事项。

第一，真诚坦率。

我们的评价，不管是夸奖还是批评，都需要言出由衷，真诚而坦率。真诚说起来容易，但能够做到、让对方感受到并信任你却不容易。甚至我们会看到，有的人即使是在夸别人，也好像是在说风凉话,那就是因为他缺少了别人能体会到的真诚。

我们和孩子沟通时,需要借助更多的方式来传递我们要传达的信息。比如,借助我们的表情、肢体动作等,我们可以看着他的眼睛,谈出我们的感受。根据他的注意力集中到什么程度,来判断信息有效传达的程度,从而避免盲目的、敷衍的、无效的沟通。无效沟通的增多会让孩子产生一种"免疫力",使他经常性地"不走心"。最后,他对我们的语言感到麻木,也不会从中得到收获。

无论是赞美还是批评,都需要我们真诚。假如我们习惯了说假话,那么即便我们是在赞美,总有一天也会露馅,这会增加孩子作为一个年轻人认识自我、认识社会的迷茫感。而家长真诚的沟通,就可以帮孩子减少成长的迷茫。

第二,详细具体。

我们的语言要够具体,细致入微。我发现,每当我的语言变得具体,尤其是谈到是什么原因致使我夸奖或者批评他的时候,子钦听得最认真。似乎他正在思考,自己的行为与获得的评价之间有什么关联,并以此来判断这一行为的价值,以及自己还能不能做得更好。

每一个孩子,都是既聪明又善良的。善良使人轻信别人,聪明使人质疑别人,所以我们家长的语言,特别容易让孩子处在一种既相信又怀疑的矛盾中,而不能快速地转化为行动。这就需要我们的语言具体化,指向清晰。我们应尽量去结合具体的事情,谈出事情的缘由,这样和孩子的沟通才是有效的。网上也有些老师,建议把"你很好""你很棒",换成"你很认真""你很善良""你很努力""善于思考"等具体的语言,我想这都是很好的总结。但是这些形容词一定要和孩子当下的具体行为结合起来,产生令他信服的因果关系,这样才能奏效。

第三,避免不好的套路。

从主观上避免不好的套路,这是我们容易忽略的地方,甚至有时候,我们会把不好的套路纳入好的教育范畴。

比如,我们说学习好才能打游戏,那就是说我们内心认可了"学习是痛苦的"和"打游戏是快乐的"。如果一个孩子养成了"做对一道题,才会有糖吃"的惯性思维,那么从长远来看是不利的,学习的目的就变成了得到他人的奖赏,而不是自我成长。当然,为了教育,我们在和孩子沟通之初,心里可能就存着某些目的,所以完全没有套路是不太可能的。但是我们需要有意识地避免那些不好的套路。避免的标准是我们和孩子的信任度,假如一件事我们相信他能做好,那就不用客气,直言不讳,少用套路;而一件事我们不确定他能不能做好,但又希望他做好,就只能用一些有利于孩子成长的套路。

举个例子,每当谈及子钦的缺点,我会根据他的接受程度,避免在否定他时先加上一个肯定的前提:"你很棒,但是有一个问题……"虽然我知道先肯定再否定,是容易让人接受的方式,但如果总是这样做,就变成我的每一次赞美都是为了批评。我更喜欢的做法是直接说："我认为你有一个缺点……"在我说出我的看法之后，我会给他足够的时间来表达他的想法，和他形成双向的沟通。有时候我们还会延展一些话题。比如，谈到木桶效应中对缺点的认识，从而种下克服缺点的种子。

第四，避免逞口舌之快。

"我不是你妈，离我远点""给你花了这么多钱，你还学不会""你看别人家的孩子，比你强多了""你这辈子没出息"……类似的话都是未经思考、没有作用的。有时候孩子偶尔犯错，我们却以"你总是……"作为说话的开端，在我看来这是很糟糕的事情。这种话会使孩子相信自己真的是"总是怎样怎样"的那个人。批判式的、捧杀式的、扣帽子式的、人身攻击式的、上纲上线式的语言，都是我们家长需要避免的。家长最好养成一个习惯，就是不管跟孩子说什么，都要先过过脑子。

情绪控制问题涉及一个人自身的修养、性格或者习惯，这不是一下子能解决的。其实从人性的角度讲，一个人有情绪是应该抒发的，因为总憋着不是办法。但是面对孩子的成长，我们的情绪抒发就真的需要慎重，或者说需要方法。我的方法是如果我们实在控制不住情绪，那不妨让孩子参与到我们的情绪管理中，试试让孩子帮助我们调整情绪。比如，适当地示弱，坐下来和孩子谈一谈自己的情况，分析自己产生这样的心情的原因，并一起探讨解决的办法。和孩子探讨的过程，也是帮助孩子理解父母的过程。如果通过沟通能让孩子认识到父母也是人，也会犯错，也需要分担，他们会越来越理解父母对他的要求，这样的沟通就变成了交流式沟通。

总的来说，逞口舌之快是需要我们避免的。既然要沟通，那么我们就应该说点有作用的，如果仅仅是为了自己痛快，那就不要一味地针对孩子找痛快，应该去寻找某种方式，先解决自己的情绪问题，再来谈孩子的教育问题。所以，我们可以给自己制定原则，比如，哪些话坚决不能说，哪些事坚决不能做。

我们要知道，对待孩子，我们家长的强硬实际上是一种软弱，而有时候家长的示弱却是一种强大。所以强化和完善自己，才是避免逞口舌之快的好办法。我们家长不是无所不能的人，我们需要在孩子面前接受自己的平凡与脆弱。我们把自己放低，就卸下了负担；我们卸下了负担，孩子也就卸下了负担。没有负担的彼此才会听到对方的心声，随之而来的就会是各方面的改善和收获。

有一次，我有些疲惫，就对子钦说："今天爸爸很累，明天再玩游戏，好吗？"

他极为不舍，央求我，说："我们就玩一小会儿，好吗？"

我忽然想跟他说说我的心情，看他有什么反应。我说："爸爸今天不开心，明天再陪你玩。"他没办法了，只能不情愿地答应。第二天醒来，他看着我，问我："你今天心情好点了吗？"

我心里感到一阵温暖。我问他："你是为了爸爸能陪你玩游戏，才希望爸爸好起来呢，还是就只是在关心爸爸，不玩游戏也希望爸爸开心起来呢?"

他说:"都有啊!"

那一次,我在尝试能不能和孩子实现情感上和心灵上的交流。我不想让他认为,爸爸会被他左右,并且应该天经地义地陪伴他。通过和他的交流,我希望他能理解爸爸也有烦恼,希望他在知道自己被爱的同时,也能知道去爱对方!学会爱,是孩子来到这个世界最好的事!

一两岁是孩子最初的性格养成期,这时候的孩子在乎父母的每一句评价。照片上的子钦一岁零十个月,当时妈妈在对他说什么我已经不记得了,但是我记录了他认真听的样子。

我们需要知道,无论我们采用哪一种语言,孩子在很多时候都不需要我们太多的夸奖和批评。如果家长的评价过于频繁,他们反而会习惯性地为了获得赞美或者避免批评来做一件事。为了别人的评价而去努力，这并不是一件好事。所以有时候，我们无须评价，只需要做一点交流，把单方面的评价变成双向的交流。

3. 交流式沟通

交流和评价不一样，用交流式沟通代替评价式沟通，会让沟通的氛围平等化，可以拉近我们和孩子的距离，增大孩子内心的接纳程度。具体采用哪种方式，这要看我们是希望做孩子的裁判，还是他的伙伴。少一点自以为是的评价，多一点真诚的相互交流，家长就会成为孩子的伙伴。

和五岁男孩日常对话的心理博弈

子钦：我最喜欢那些跑车玩具。

我：喜欢什么跑车呀？

子钦：什么都可以。"嗖"，可快啦！

我：你最喜欢的牌子是什么？

子钦：布加迪。

我：还有吗？

子钦：科尼赛克。

我：啳！能不能找个便宜点的，这俩一个比一个贵呀，爸爸可买不起喽！

子钦：多贵呀？

我：还好，一个诺贝尔奖能买一百个（引入诺奖话题）。

子钦：那兰博基尼你能买起吗？

我：兰博基尼，一个诺贝尔奖能买十个。

子钦：那科尼赛克呢？

我：那只能买一个。

子钦：哦！

我：其实一个都买不了，因为诺贝尔奖给的钱还不够买那个车，那个车太贵了。

子钦：两个诺贝尔物理学奖呢（他似乎上道了）？

我：两个就肯定可以了！

子钦：那么科尼赛克呢？

我：科尼赛克也可以买两个。

子钦：一百个科尼赛克呢？

我：呃，一百个那可要得很多奖，其实不需要，你的一个奖比那一百个车还有价值，知道吗？它的价值要比那个高得多，你知道为什么吗（试图树立正确的价值观）？

子钦：不知道。

我：因为它对人类做出的贡献，对我们的生活的改变，会比那个车的价值要多得多，是不是？

子钦：我告诉你那个车有多快……

很多人不愿意采用交流式沟通，并不是不愿意做孩子的伙伴，也不是不会交流，而是交流式沟通比较累，家长很容易陷入和孩子之间的心理博弈。交流式沟通减少了孩子的负担，而家长的大脑会在孩子不知道的情况下不停地运转。就像视频中这样，他在边玩边聊，我的语言听起来很轻松，但是我的脑子在一刻不停地思考，几乎说出的每一句话都是经过深思熟虑的。我明显地感觉到，现在的小朋友十分聪明，心理活动非常活跃，有时候令人难以捉摸。

有一次，老师告诉我子钦在课间乱跑，这样不安全。我把他叫过来和他交流。我问他："像你那样乱跑，有没有撞到桌子或者同学的可能性呢？"他说："有。"我又说："如果每个同学都像你这样乱跑，那班级会怎样呢？"他哈哈大笑："那就失控啦！""那你要不要为了大家控制一下你自己呢？"他点头同意。

如果我们的交流到这里就结束，这件事就过去了，大概率是没有作用的。家长可以继续观察孩子后续的反应，比如此后的一两周，每天接他放学时都以聊天的方式了解一下情况，强化他的记忆，同时调整下一步的沟通。

当我们家长以交流的心态来沟通，孩子就容易感受到我们的诚意，他们会在这个基础上去接受或者反对我们的看法，于是有效的沟通就自然而然地达成了。只有有效的沟通，才能帮助我们家长把教育不知不觉地融进生活的细节里。

另外，交流式沟通能够形成一个十分有趣的视角。以往我们谈到沟通，第一反应通常是我们要去和孩子沟通，而不是孩子要和我们沟通。在这个过程中，我们总是主动的，孩子总是被动的。一直这样，孩子很难学会和别人沟通。而未来到社会上，他最需要掌握的本领就是主动和别人沟通，而不能只会等着别人来找他沟通。

我们善于和孩子沟通，可以证明我们自己的沟通能力，并且帮助孩子成长。但是我们教育的目标，是让孩子而不是让我们获得需要的东西。所以，与其说让我们家长学会如何与孩子沟通，还不如帮助孩子去学会和他人沟通。如果孩子学会了沟通，那么他将来会拥有良好的人际关系，他在朋友的心目中既友善又重要，从而很容易获得大家的祝福和帮助。

但是善于沟通绝不是短时间就能学会的，这需要多年的积累。一个人的沟通能力和性格有着很大关系，子钦就是由于性格内向，所以有"社恐"的迹象。但这并不代表孩子适应能力不足，也不代表孩子交流存在障碍。沟通没有一个统一的标准，不同性格的人会用不同的方式沟通。我们可以根据孩子不同的性格特点，做一些有益的指导。

举个例子，我弟弟的孩子乐乐已经上了高中，他的性格乐观外向。在他只有八岁的时候，我曾经建议他每天说一句称赞的话，而且只说具体的细节，越具体越好。比如："妈妈今天炸的花生米，盐放得不多也不少！"

在他上高一的时候，我们见面聊天，他说他很感谢我在他八岁的时候给他的建议，他现在很善于看到别人的优点，身边有很多的朋友，大家都愿意帮助他，他每天都很快乐和自信。

那天，我给了乐乐第二个建议，建议他去了解哲学。他妈妈在一旁问我应该去买什么书，我说不要去看书，千万不要一学什么就首先想到看书，作为一个高中生，他已经看了太多的书，比看书更重要的是思考。具体的方法是每天问自己一个问题，要把一个常识性的、已经有答案的问题，再追问一次：为什么？

孩子的成长和进步，才是我们家长真正希望看到的。我们学习沟通的目的并不是让我们自己变得很厉害，而是帮助孩子学会发挥优势、弥补不足。好的教练不一定是好的球员，好的球员也不一定是好的教练，而我们的目标是成为好的教练，让我们这些普通的家长也能帮助孩子健康成长。

我们看不见的，不一定不存在

我：我们能看到粒子吗？

子钦：粒子用肉眼是看不到的，有些比光的波长还小，根本就看不见。

我：哦，看不见是不是（代表）它们就不存在？

子钦：不对，看不见的物体，不一定它就是不存在的。你不看天上的月亮，这月亮就消失了吗？这也是爱因斯坦接受不了的。

我：爱因斯坦接受不了？

子钦：嗯，爱因斯坦接受不了，就是说看不着、看不见一个东西，并不代表它不存在。"看"这个词，它是有物理含义的，也就是有光打到物体的身上，你才能看见它。假如太远了看不到呢？我们就可以发射一束电磁波，然后计算出它反射回来的时间，求出它的位置。比如说，我发射一道电磁波打到电子身上，我就能看见它，但是大家注意，这电子是很轻的，电磁波打到电子的身上，这个电子就被打跑了，这时候你的动量就不准确了，你测出来的它那个位置就不是它现在的位置了。

我：啊！就是说，我们因为测量而干扰了……

子钦：嗯，就不是它真实的位置了。

在信任的前提下，我和子钦的沟通常常是这种"平等"的交流、谈论。虽然大家看我全程没怎么说话，说话也是重复他的话，但是从我的各种语气中，他能感受到他讲话时我的反应，这无疑是一种鼓励。这一切让子钦更好地发挥了主动性，他变得爱动脑筋，同时也更容易接受我希望他去做的事情。

我们总是希望自己变成好家长，并为此而努力。其实在我看来，这本身就是一个错误的想法。我们变得好不好，有那么重要吗？重要的应该是孩子变得好不好！对我们家长来说，我们只要知道什么是好、什么是不好，就够了。好的教育，不在于我们家长做得有多好，而是孩子变得有多好！基于这个思路和孩子相处，我们就能自然而然地找到适合自身的教育方法。

照片是在北京铁道博物馆拍摄的。
在子钦三岁之后，我们带着他出去体验的次数明显增多了，在体验的过程中，不能缺少的就是交流。

三、"卡顿"不是孩子的缺陷

有关孩子天赋的发展条件，我们之前谈到了相信的力量、沟通的力量。下面让我们逆向思维，看看那些阻碍我们发现孩子天赋的到底是什么。这一节我们来看看孩子的"卡顿"。

1. "卡顿"的原因

我们家长几乎都遇到过这样的情况：孩子似乎"卡"住了。就像当年学会计时的我就是搞不懂"应收款"和"应付款"一样，孩子就是搞不懂厘米和米、正数和负数的概念，无论你怎么解释，他就是想不通。这时我们很容易判定这孩子"不行"，判定他没有数学天赋。

有这样一个聪明的小学生，乘法口诀他几天就掌握了，可是老师需要讲二十天才能完成教学大纲，于是剩下的十几天他无所事事，只能自己玩。老师很生气，告诉大家不要向他学习，说他是个扰乱课堂秩序的"坏学生"。不久之后，这个孩子习惯了不听讲，不会的越来越多，他"卡"住了，考试名次排在了最后。当他看到自己的成绩单，想着种种指责，心里不断地发慌。他也认定自己就是个"坏学生"！

这就是发生在我身上的一个真实的故事。现在长大了，我开始思考，问题到底出在哪儿？我们家长该怎样看待"卡顿"的孩子？"卡顿"到底是孩子在这方面缺少天赋的表现，还是另有原因？另外，我们该怎样避免因为自己的武断，给本来不错的孩子贴上"不行"的标签呢？

事实上，孩子并没有谁高谁低之分。造物者让每个人都不那么完美，在一方面突出，在另一方面有所缺失。当我们盯着孩子有缺失的一面，就容易全面否定孩子。况且，我们看到的缺失，并不一定是孩子真的缺失。孩子在某一刻的表现不行，很可能是因为他良好的状态没有发挥出来，或者心里产生了逆反，这并不代表他真的不行。如果我们轻易就做出判断，那么当我们遇到一个时而聪明时而糊涂的孩子，又该如何判定他到底是笨还是聪明呢？

一个人确实会在不同的人面前、不同的时间段、不同的心情时，表现得不同。比如，在下属面前侃侃而谈、充满自信，可在领导面前却表现得一塌糊涂；平时的测试答得很顺利，可到考试的时候却答得很糟糕。孩子更容易这样，所以我们家长需要换位思考。首先，我们尽量不要指责孩子，而是多想想这是什么原因，想想在什么样的情况下，孩子的状态才会不同。然后再想想该怎么调整，才能使我们的孩子头脑变清醒。不要一上来就打击他，让他真的变成一坨"糨糊"。

举个生活中的例子，有一天子钦写作业很慢，我就和他谈了这个问题。我问他："为什么你写作业的时候和看科普视频的时候不一样呢？看科普视频的时候你那么专注，为什么今天写作业的时候就不行了呢？"

他说，写作业的时候，他的"门"就关到只剩一条小缝，差不多一度，而看科普视频的时候"门"全打开了，有一百八十度。我问他："那你以后会改变吗？'门'打开的状态多好啊！"他说："我认真写作业的时候，会打开十度。"我又问他:"那如果你将来上学学习的是你喜欢的,比如物理、化学这样的课程呢?"他回答说:"那我会打开九十度。"

他似乎把自己比作一座吸收知识的空房子,而他说的"门"一旦打开,知识就可以像阳光一样照进来。这个"门"就代表了孩子的注意力和专注度,而"一百八十度",那是一种超强的摄入、汲取状态。子钦的回答让我知道了即使是一个孩子,他也很清楚自己在不同的情境下所处的不同状态,并且这种状态似乎并不以孩子自己的意志为转移,他们需要家长的理解。

比如"卡顿",就是他的"门"关上了,聪明的头脑"卡"住了。如果一个孩子学习的"门"关上了,那他很可能处在一个连他自己也无法控制的状态。这时候吼叫绝不是好办法,打他更会起到负面作用,只会致使"卡顿"成为孩子天赋发展的障碍。

2. 用天赋突破"卡顿"

家长总是想立刻改变孩子,让他们立刻变成我们希望的样子。这怎么可能呢?人怎么可能立刻改变呢?人的改变需要长期的观念的形成和习惯的养成。为了不让"卡顿"成为孩子天赋发展的障碍,打开这扇"门",我们需要"把手"。

有一次,我们一家休完年假,从老家回到北京,那天晚上他妈妈收拾屋子累得直不起腰,我对子钦说:"现在没有爷爷奶奶在身边帮忙照顾，爸爸妈妈真的忙不过来，如果你再淘气添乱的话，咱们家的秩序就真的乱了。如果你不能帮忙照顾妹妹，那就学会管好自己的事，不给爸妈添乱，好吗？"

他虽然嘴上答应了，但还是没有行动，还是要大人催促才去洗漱，我当时十分无奈。第二天早上一醒来，我问他："你记得昨晚爸爸说的话吗？"他说："记得。"我说："那你能试着做到吗？"他说："可以。"

那天早上，他自己找衣服穿好，自己吃饭，吃完饭主动地把所有的碗筷端到厨房。

孩子既不是"恶魔"也不是"天使"，他们是具有可塑性的人。他们的可塑性，就隐藏在生活给予我们的一个个机会里。于是那天早上，我称赞了子钦的表现，称赞他有责任心，不仅没制造麻烦，还帮家里分担了压力，鼓励他再接再厉。

一位搞经济的朋友对我说："危机危机，每一个危难都是一次机会。"我想，教育孩子也可以借鉴这句话。每一个特别的时刻，都是一个突破口，比如，孩子"卡顿"的时候，正是我们利用这个机会，和他一起寻找"卡顿"的原因以及解决办法的时候。有时候，帮助孩子认识问题，比暂时地解决问题更重要。

无论是在生活上还是在学习上，我们都可以帮助他慢慢地打开他的"门"！我们一方面要了解孩子想的是什么，另一方面要了解他的心理状态是怎样的。在心情平静、没有负担的情况下，孩子能更好地发挥，会更加专注。

事实上，每个孩子都可以十分专注。如果他对一个东西不专注，那是因为这个东西不够吸引他。比如，我们打游戏的时候就很专注，而如果打游戏总是输就会失去专注。所以，成就感会提升孩子的兴趣度，挫败感会减少孩子的兴趣度。兴趣度和成就感，是孩子专注的条件。

五岁说宇宙·中子星

子钦：科学家们发现离我们非常近的一个恒星，离我们非常近的一颗超大的恒星，就要爆炸了。这颗星我们晚上一抬头就能看见，就是猎户座参宿四，这颗恒星特别巨大，它的半径能从太阳到木星。

我：那么大呀？那不是把地球都给吃掉了？

子钦：对呀。它中间收缩的时候，中心的原子都被压扁了，电子被压到原子核里去，然后质子就变成中子了，再然后整个中心除了中子没有别的东西，最终那中间形成一个直径只有二十公里的一个小的星球，之后"砰"地就炸了。

我：哎呀妈呀！

子钦：然后外部所有的东西都被喷射出去，形成星云。

我：形成什么？

子钦：形成星云。然后中间留一个纯中子的东西，这个东西就叫中子星。

大家看这段对话，那一刻，他的头脑只专注于思考的内容，这种专注力与放松的心理状态相结合，使他达到了心无旁骛的状态，陶醉在天文知识的世界里。这就是一个孩子的"门"打开的状态。

所以，如果你觉得一个孩子"卡"住了，千万不要认为他不聪明，否则这会成为你发掘他天赋的障碍。家长可以找适合的时机或者突破口，将兴趣调动和自我教育作为入口，从大脑的专注度和心理的状态两个方面去寻找一些改善的方法，帮助孩子启动自我反馈调节的机制。在这种状态下的孩子，更容易开启他的"门"，更容易让我们看到他的天赋。

子钦四岁的照片。在这个时期，差不多每个孩子都喜欢写字、画画，他们都可能出现"卡顿"的情况，而情况通常都会慢慢好转。

四、磨蹭不是孩子天赋的阻碍

"卡顿"和磨蹭有什么区别呢?"卡顿"是你感觉孩子某方面不行,缺少天赋;而磨蹭是你觉得孩子行,可他就是不去做。

最令家长火大的,或许就是孩子的磨蹭,似乎每个家长都"深受其苦"。那么为什么无论我们说什么,他都没反应?我看过专家的分析,说这是因为孩子的脑神经没有发育完全,信息没有"链接",出现了"断层",所以才导致其磨蹭。可是我觉得这不是根本的原因,如果是这样,孩子玩起来为什么不磨蹭呢?

1. 磨蹭的原因

有人说:"除了玩,我的孩子做什么都磨蹭,他只要不磨蹭,我就谢天谢地了,根本不奢望他有什么天赋。"这句话就体现了家长的武断。子钦四岁时对我说:"你看不见的东西,不一定它就不存在。"首先,你的孩子不一定做什么都磨蹭。其次,就算你现在看到的是孩子磨蹭,那也不能判定这个孩子就是磨蹭的孩子。为什么呢?这需要我们理解孩子磨蹭背后的原因。我举个例子:

子钦六岁时上了小学,有一天老师要求把半页的英文读下来发到群里,他妈妈带他去读,他一直不开口,他妈妈着急地问他为什么不去读，他的眼泪就出来了。他妈妈越是着急，他就越不开口，就这样持续了一个多小时。他妈妈把他带到我面前问我怎么办，看着儿子哭红的眼睛，我在那一瞬间忽然特别理解他。

他没有上过英语补习班，英语基础并不好，此时他一定是遇到了不会的单词，他害怕自己做得不好。在他学习物理的时候，大人的夸奖让他看到了长辈的认可和期望。而当他看到长篇大段的英文里有他不会的单词，他怕自己读不好，他怕让人失望。

一个善良的孩子，你越夸他棒，他就越怕让你失望，而且他也不知道怎样面对失望。所以他选择不开口，以此来抗拒接受自己的无能，他在用沉默来保护自己的自尊和脆弱的自信。他越是害怕失去这一切，就越是用沉默来逃避现实。

这是谁的错？在这个时候，我们家长的反应应该是怎样的呢？如果是逼迫他、吼他、打他或放弃他，那几乎就是在摧毁一个孩子内心仅有的自尊，泯灭他刚点燃的学习热情，切断他可能养成的好习惯，毁灭他自我成长中的心理建设。

我让他妈妈休息一下，屋子里只剩下我们两个人，我说："你是不是着急了……"我第一句还没说完，他的眼泪一下子就涌出来，我能感受到他的委屈。我说："你先不要委屈，完全没有必要！我们男孩子就是有事情说事情，哭有啥用，并不能解决问题！来，咱俩可以先做个分析，到底为什么会这样，咱首先要把这件事情搞清楚。"我先让他停止委屈，然后和他聊起来：

"你在物理方面表现得很好,但不是所有的方面表现得都好,人都有不够好的地方,这个很正常,你首先要接受这个现实,然后爸爸和你一起想办法,好不好?"

他用哭红的眼睛看着我,用求助的口吻问我:"你真的有办法吗?"

我说:"当然,知识就是这样,你强它就弱,你弱它就强。它们一开始像个小偷,偷偷摸摸、鬼鬼祟祟地观察你,如果这个时候你说出它的名字,也就是这个单词,它立刻吓得屁滚尿流,从此臣服于你。它们会像你的仆人一样,跟在你的后面,随时听你的调遣。你去哪里,它们都会在后面支持你。但是如果开始的时候,它发现你在退缩,不敢面对它,它就来劲儿了,它不再偷偷摸摸的,开始明目张胆地站在你面前耀武扬威,故意气你。它们会从小偷渐渐变成怪兽,你越是退缩,它们就越是强大,就越来越放肆,甚至欺负你,最后站在你的面前,挡住你的去路,让你寸步难行。其实,干掉它们的方法特别简单,你只要说出它们的名字,你每说一次,它们都会缩小、缩小、缩小……"

我一边比画着,一边看到了他纯真的笑容。接下来,我和他把英文单词一个一个地顺下来。然后我们约定我去外面抽烟,他自己练习,当他觉得自己可以了,再叫我进来,读给我听。十几分钟之后,他叫我进来,基本都读了下来。我们约定第二天早上再读一遍,晚上再读一遍,彻底打败那些"怪兽",让它们变成"奴仆"。

通过这件事,我们可以看到,我们不能根据一个表面的现象就判断孩子磨蹭,而是需要去研究孩子磨蹭的原因。磨蹭的外在表现,是孩子不情愿做一件事,但是在外力的催促下不得不去做。这种表现给我们的感觉就是他在磨蹭。遇到这样的情况,我们做家长的通常反应就是想发火。我们就是这样,常常比孩子还要情绪化。

子钦学科学的时候,真像饥饿的人扑在面包上一样,完全不会磨蹭,但是写作业时,就可能是另一种状态。当他表现出心不在焉、磨磨蹭蹭的时候,我作为家长,焦急、崩溃,但是过后想想,又觉得自己的反应是过激的。毕竟我小的时候还不如他!

曾经有一次,因为子钦写作业磨蹭,我失去了控制,面目狰狞地跳起来大声吼叫:"我给你两个选择。如果你不同意,有本事你就说服我;如果同意,那就必须给我马上执行!"

随着我的吼叫,子钦的眼泪出来了,无论我说什么,他就是不写作业,也不说话。我愤怒的火焰即将穿透忍耐的极限,在就要彻底失控的瞬间,我深呼吸,尽量地想办法压住胸中的怒火,让自己安静下来……

我小声问他:"你能告诉我为什么吗?是你不爱学习吗?"他沉默了一会儿,声音很小地说:"不是,是你把我弄成这样子的……"

又过了一会儿,他说:"我想静一静。"他妈妈建议他去洗个脸。他听话地去洗脸,我没想到他回来时,竟然是开开心心的样子。他坐下来继续写作业，很快就写完了，就像什么事都没有发生过一样。这完全出乎我的意料。

在心理学上，两种情绪的转换一般需要一个转换间隙。会不会"洗把脸"就是他两种情绪之间的转换开关？在这个间隙里，善良的他原谅或者理解了暴躁的父亲，并且把自己调整到一个愿意接受的状态。

磨蹭是一种惰性。如果一个孩子的惰性已经形成了习惯，磨蹭就成为他的一种常态，就像转换的开关失灵了。而家长的愤怒和对孩子的强迫，往往就是让孩子产生逆反心理、致使开关失灵的加速器。所以我想，解决磨蹭的问题，还是要从根源上寻找答案，从心理上、兴趣点上去研究如何调整不同孩子在不同情况下的自我转换间隙。

我小时候就是个"大磨蹭"，因为这个没少挨揍。但是我喜欢画画，假如在我磨蹭的时候，有人给我一支画笔让我画画，那我绝不会磨蹭。这是什么原因呢？

成年后我认识一位朋友，她的文学功底特别扎实。我问她大学学的是不是文科，她说不是。她说她上高中的时候，文科成绩非常出众，但是父母为了让她的知识结构更加平衡，所以为她选择了理科。学理科她找不到感觉，做题特别磨蹭，现在毕业了，她有些后悔，觉得自己真正喜欢的还是文学。

如果我能学画画，或者我的朋友能去学文科，那么我俩都不会磨蹭，并且都会更加专业，心情更好。

这说明什么呢？说明我们都会在某些事上磨蹭，在某些事上不磨蹭。如果一个人在某方面做起来得心应手，他就不会磨蹭。所以磨蹭和能力有关，遇到自己无能为力的事，我们就容易磨蹭。

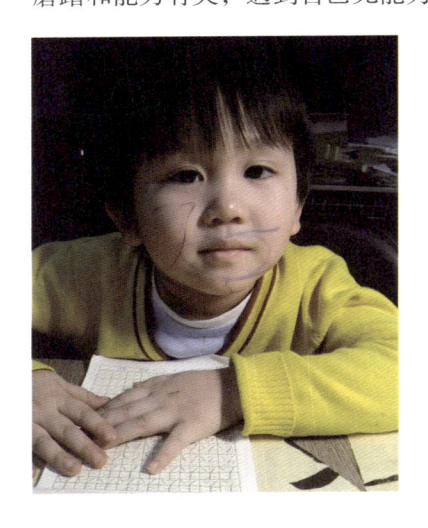

四岁的子钦不好好写字，用笔在自己的脸上画圈，这让人又好气又好笑，但我觉得这只是小朋友的顽皮，而不是磨蹭。

2. 赶走磨蹭

相传陈景润每天废寝忘食地研究数学，以至于生活上很邋遢。如果陈景润的家人逼着他每天搞卫生、做家务，我们不能确定这个世界上会多一个勤快的人，但是可以确定一位数学家会被埋没。如果磨蹭不是一个人的"选择性懒惰"，那么就说明它与天赋无关。如果是"选择性懒惰"，那么它不但不是发掘孩子天赋的障碍，而是天赋的"试金石"。

孩子磨蹭，并不是完全不动，这说明他在主观上并不想磨蹭。他已经在努力了，但是客观上的不情愿的力量超过了主观上的努力，所以在行为上表现为动作缓慢。不情愿的力量成了孩子的"不可抗力"。

类似磨蹭的问题，是孩子成长中必然会遇到的，这是生活的现实。不太可能使用一个方法，就能使孩子立刻改变。运用智慧，寻找有趣的方法，才是慢慢解决这类问题的途径。

由于疫情，我们每天中午需要下楼排队做核酸检测。有一天中午吃完饭，离子钦上网课的时间不到半小时，我听见他妈妈在焦急地催促他换衣服下楼，过去一看，发现他还在磨蹭。

我蹲下来对他说："宝宝，我问你一个问题，假如你是辆牛车，那我们越是催促，老牛就越不愿意走，最后只能用鞭子抽，牛车才会向前走，对吧？但是，如果你是一辆汽车，你只需要点燃发动机，就会比我们都快。"他点点头，我接着问他："那么你想做牛车还是汽车呢？"

那天中午，我们俩飞快地收拾好下楼，最后提前十分钟回来上网课。我说："你已经不是汽车了。"他说："对，我是个火箭。"

面对孩子的磨蹭，我们通常的应对方式就是催促，但催促不是解决问题的根本办法。如果一个人每天都被别人催促，很容易变成更懒惰的人。当然还有比催促更不聪明的应对方式，就是发脾气，这是在硬性地消除"不可抗力"，有着"把生锈的螺丝拧断"的风险。

在父母发脾气后，孩子是因为恐惧和无奈才去做事的，并不知道为什么要去做事。而我们在情绪中也不能明白孩子的心声，不能理解他们的需求。这样既辛苦了我们自己，也限定了孩子。只有孩子知道自己为什么去做一件事，我们才能放手。放手是责任的转移，我们做父母的，不能一辈子为孩子负责，早晚有一天，他们要学会为自己负责。

实际上，因为我们发出的指令得不到好的执行，所以我们判定这是孩子的问题，是他们在磨蹭。当我们发出指令，我们主观上认为这件事已经说完了，可是对孩子来说，这件事还没有开始，一切尚停留在无效沟通阶段，指令是"空"的，他们的脑袋是蒙的。

真正能够影响孩子行动的，不是指令，而是发出指令之后孩子的反应。孩子的反应是对指令的反馈。我们根据这些反馈所采取的做法，才是孩子会不会重视一件事的理由，这时候才形成了有效的沟通，也就是我们常说的"他听进去了"。这样完整的沟通过程，容易让孩子达到没有负担的、放松的状态，此时的孩子清醒并且高效。

所以解决磨蹭的问题，首先需要我们去理解孩子不情愿做一件事，到底是心理的原因，还是天赋的原因。如果是心理的原因，恰当的沟通会产生效果。但如果是天赋的原因，我们就得看看能不能帮助孩子开窍。那么如何开窍呢？我举个例子：

在子钦上小学之前，虽然他喜欢量子力学，但在数学方面还是小朋友的水平，两位数的加减法还算得很慢。看着他在书桌前磨蹭，我心想，得找个办法解决这个问题。怎么解决呢？8加7，你可以让孩子掰着手指头算，但36加48，你让他去哪儿找那么多根手指头呢？这时候，我拿出来小学教学用的假币，和他玩了一个开超市的游戏。

游戏规则如下：我在超市里卖各种笔、橡皮擦，他需要用假币把我的商品全都买光，才能完成任务。首先我来定价，最初是一支笔3元、5元，交易的时候他需要付款，然后自己去计算找零的金额，算错了，赔钱了，那是他的事，我可不管。他高兴坏了，为了把我的笔全都买光，他的脑瓜运转得飞快。随着他数学能力的快速提升，我的商品不断涨价，而且多个连卖，铅笔36元、画笔48元打包销售，他给我100元，我应该找他多少钱都由他来计算。

我们俩玩得不亦乐乎。两个小时下来，他有时算得比我还快。数学的问题就在一天之内解决了。在此之后，他不仅很少出现学数学磨蹭的问题，还多次拿着假币找我玩"超市游戏"。"用数学计算"成了他心心念念的事。那段时间我曾想，如果我想提高他的数学水平，可以把假钱换成真钱，同时把数学计算的难度提高到三、四年级的水平，他应该也能比较快地掌握。

如此看来，磨蹭的问题并不是不能解决的。一方面，我们可以在孩子不磨蹭的事情上，寻找孩子天赋的影子；另一方面，我们也可以在孩子磨蹭的事情上，采用沟通、激励等方式，让孩子一定程度地减少磨蹭。通过提高孩子能力的办法，解决磨蹭的问题。

自学的小孩，你的偶像是科学家吗？

子钦：噬菌体专门挑细菌下手。

我：嗯嗯。

子钦：哇，你看，大肠杆菌里面全是噬菌体。

我：哟！

子钦：哇，你看大肠杆菌都破了，你看，大肠杆菌边上都破了。你看，瘪啦，你看！

解说："细菌杀手"的身份，让噬菌体成了人类对抗细菌的好帮手。

子钦：噬菌体成为我们对抗细菌的好帮手。

解说：我们现在打开这些绿线。还记得吗？它们是弟弟每时每刻的现在平面，对吧？所以弟弟2年的时候，哥哥1.6年；弟弟4年的时候，哥哥3.2年。不仅仅是时间的方向在转向，而是整个四维时空被带动着，整体在转向。好，在理解了双生子佯谬之后，我们再回到开篇的问题，我们能回到过去吗？

我：好看吗？

子钦：嗯。

解说：极光就是地球在抵挡太阳风的时候，这些物质撞击大气层而产生的光，如果地磁变强的话……按照这个速度计算的话，再过50亿年，月球就会达到离地球最远的……你再加上爱因斯坦的质能方程，大概一测算，因为之前咱们说过，那个时候要想预言一个新粒子，一般人是没有这种勇气的，所以当时泡利只是和别人说说，结果没承想，这狄拉克预言的正电子真就在1932年被发现了。

子钦：我告诉你啊，他说他不信神，就信科学，然后泡利说："哈哈哈，狄拉克你不就是神吗？"

我：狄拉克就是神啊？

子钦：嗯。

子钦学习科学知识时，完全是一种"反磨蹭"的状态。这就是他说的"门"打开的状态，也就是我们通常说的注意力集中。孩子在这样的状态下汲取知识的营养，是难以阻挡的，就像是一个导体脱离了电阻实现了超导，头脑异常聪明，能够实现高速计算。在这种状态下，记忆力和理解力就像开了挂，无往不利、所向披靡。

我们渴望孩子处于"超导"状态，而形成"超导"的重要条件，正是孩子的天赋和兴趣相结合。它们一旦结合，我们就可以看到几岁的小孩子用电脑编程、用钢琴作曲、解开方程式、学量子力学。如此看来，在天赋的地盘，磨蹭将无法遁形。

一般来说，孩子的天赋一旦展现，磨蹭就被赶走了，就算有些磨蹭没有走掉，也不影响孩子开窍。但是有的磨蹭问题很难解决，孩子很难开窍，家长可以选择放弃。比如孩子五音不全，我想那就没必要去学习声乐了。所以，如果一个孩子在某件事上十分磨蹭，那么我们家长就要做好孩子在这方面缺少天赋的准备。

相反，如果孩子在一件事上一反常态地勤奋，很可能是在向我们传递着天赋的信息。磨蹭，不是孩子天赋的阻碍，而是发掘天赋的"试金石"，关键在于理解孩子磨蹭的根源，避免一味地催促，找到对应的让孩子开窍的方法。

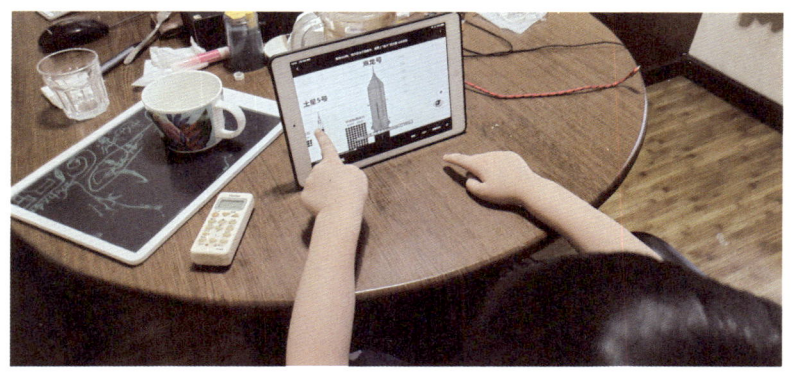

子钦在给我讲解土星5号运载火箭。小朋友在喜欢的领域，基本不会磨蹭。

五、看不见的规矩

大家在视频里看到的我和子钦的相处方式，多半都是尊重、理解、信任的。那么难道我对他就没有要求吗？难道我就能一直这么平和吗？生活里并不存在那么完美的家长，我们做不到在所有的时候都那么从容，因为孩子常常会让你崩溃！我今天所有的感悟，来自无数个崩溃时刻，以及生活实践中的思考。

所以我对子钦有要求，要求子钦有规矩。任何一个人的成长都需要规矩。没有规矩，或者规矩是错的，都会成为孩子天赋发展的障碍。既然关系到孩子天赋的发展，我们家长该怎样立规矩、立什么规矩呢？

天赋的外在表现，是孩子的兴趣。但是我听到过这样一种说法，说只有磨难才能成才，家长不能迁就孩子的兴趣，只有家长的强迫才能换来孩子的成功，所以不能让孩子待在舒适区，那样他长大就会不舒适。

说实话，我的看法和这样的观念存在差异，我认为家长的强迫和发展孩子的天赋产生了背离。如果我们逆向思维，从孩子的角度来看家长的强迫，他们是否会理解为父母并不愿意看到自己舒适的样子，那样会引发父母的不舒适，父母更希望看到的是他们一声令下，自己如惊弓之鸟的样子。长此以往，这会不会引起孩子的叛逆呢？

另外，真的只有磨难才能成才吗？我赞同要求孩子是一件严肃的事情，赞同制定必要的家庭规矩。但是，涉及孩子天赋的发展，我只会在不偏离孩子所热爱的方向上提出要求，并不赞成"磨难成才"的说法。因为我觉得，一个人的成就并不是来自磨难，而是来自即使在磨难中也依然保持的那份热爱。如果缺失了热爱，那么就算我们让一个孩子特别不舒适，他未来也不见得就能舒适。教育的特点，是我们不能从施教者的角度来批评错误，而是要从受教者的角度来发扬正确。

家有家规,每个家庭都会遇到制定规矩的问题。虽然每个家庭的情况都不一样,但是不管什么家庭,规矩都可以不以规则的形式来体现。你相信吗?规矩没有必要每次都"张牙舞爪"地出现,而是可以附着在我们日常生活里不易察觉的地方,静静地发挥作用,从而达到我们设立规矩的初衷。

回想当初,在子钦三岁的时候,我曾对他说:"你有三个爸爸,一个是和蔼的爸爸,一个是严肃的爸爸,一个是凶恶的爸爸。我变成什么样的爸爸完全取决于你,如果你喜欢和蔼的爸爸,就不要在爸爸已经变得严肃的时候,把本来已经不太好的事情变得更加糟糕,那样严肃的爸爸就会变成凶恶的爸爸。所以,只有你才能决定爸爸变成什么样子。"

说这样的话,完全出于我作为一名家长的无奈。孩子小的时候,不知道人世间还有这么多规矩,他们做什么都不管不顾的,随意爬上窗台,抓起什么都往嘴里送,我们不得不想办法制止他们。不过我感觉自己是个比较幸运的父亲,在子钦稍大一点的时候,我开始学习沟通,我和他之间已经潜移默化地养成了"交流式沟通"的习惯,沟通可以让绝大多数的状况好起来。子钦并不想"把本来已经不太好的事情,变得更加糟糕",所以他即使顽皮起来,也不会忘乎所以、挑战规矩的底线。

在子钦四岁的时候,我对他说:"宝宝,你知道吗?任何一个人，都是没有绝对的自由的。想做什么就做什么，那是不可能的。"这时候子钦正在学习相对论，他能从物理学的意义上理解宇宙中没有绝对的事物，但我还是给他举了例子："比如，我们不想起床，一直睡觉多舒服啊，可是一直躺着就会饿；吃好吃的多香啊，但也不可以一直吃，一直吃肚子就会撑爆！所以我们不能想怎样就怎样，有些事是一定要有规矩的，我们只要在这个世界上，就必须遵守一些规矩。"他认真地听完，然后点点头。我知道那是代表他允许被要求的点头。小朋友在允许你要求他之后，通常都是愿意配合与执行的。如果还能因此得到夸奖，那他就会更来劲儿、更配合。

应该给孩子立什么规矩呢？关于这个问题，网上可以查到很多内容，我在这里就不再重复了。只是家长在选择的时候，一定要根据自己的家庭情况。我所说的更多的是关于规矩的施行，它有着不同的方式，这一点十分有趣。比如，每次遇到比较严肃的问题，我都会找一个比较肃静的时刻，和子钦通过认真的对话来探讨解决方案，并制定需要的规矩。因为规矩是双方认可的，所以一旦制定，就得去遵守。

那时候我就诞生了一个想法，就是对守规矩的人来说，或许可以不制定那么多的规矩，并且可以不以规则的形式来呈现。除了规则，还可以用什么形式呢？于是我开始尝试反向思维。反向思维并不一定能解决问题，但一定可以帮助我们找到更多的解决问题的角度以及办法。

比如，我想到他早晚会接触游戏，捂着、盖着不是个办法，就专门为他下载了游戏。选择下载什么游戏呢？我知道他看过《植物大战僵尸》的小视频，很喜欢里面的形象、场景和音乐，同时他特别喜欢汽车，所以我选择了他最可能上瘾的游戏，给他下载了《植物大战僵尸》《狂野飙车》。这下他乐了，如获至宝。我陪他一起玩，观察他有什么反应，会不会沉迷。他第一周一天玩一次，一次半个多小时还有点意犹未尽；第二周两三天玩一次，每次半小时；第三周你要是不给他，他就想不起来玩了。

一开始，子钦的妈妈并不理解我的做法，后来她明白了我这种逆向教育的做法，开玩笑说我在"欲擒故纵"。通过这个实验，我可以确定他至少目前还不会沉迷于游戏。在游戏这个问题上，我通过反向思维，看到了事态的走向，也找到了应对的办法。我想那些孩子沉迷于游戏，一定是因为不知道生活中还有很多东西比打游戏更有趣。

"那如果他打游戏上瘾了，你该怎么办呢？"可能有人会这样问。大家看，教育就是这样，教育的学问之大，就在于随便把一个问题展开，都会涉及更多的问题。

如果他打游戏上瘾了，我还有第二手准备。"欲擒故纵"只是众多的"让规矩不以规则的形式呈现"的方法之一。当一件事情不能逆转，我们为什么不试试顺向思维呢？我会和他一起玩游戏，我会不断赢他，甚至嘲讽他、打击他，让他在极为糟糕的心情下打游戏，看他还喜不喜欢！如果还是不行，我就把"解决游戏上瘾"的教育方向，调整为"提升抗挫力"的方向。他要么在游戏中越挫越勇，要么放下游戏，知道了什么叫挫折。与此同时，在他学习我希望他掌握的内容的时候，我会多些鼓励、理解、认可，帮助他建立信心和兴趣，使他感到喜悦。这样"一喜一悲"双管齐下，来把他对游戏的兴趣转化为学习的动力，大家觉得，这样会不会有一些效果呢？

理论上讲，在孩子小的时候，如果家长让打游戏的难受与学习的喜悦形成对比，孩子会主动选择接触开心并且擅长的东西，而不是游戏。可现实却往往是孩子在学习中感到挫败，而去游戏中寻找快乐。他又怎么能不沉迷于游戏呢！

顺向教育和逆向教育的配合程度，在大多数情况下，可以左右孩子对一件事物的兴趣。顺向思维适用于我们针对A问题制定了一个规矩，但是这个规矩存在实施的困难，那么我们可以转一个方向，借此机会先来解决B问题，把A问题暂时留到后面解决。我们解决的问题越来越多，就意味着孩子的习惯越来越好，连带的问题也越来越少。

以上我所描述的解决孩子打游戏问题的整个过程，都是在设立一种不以规则的形式来呈现的、以最终的期望作为标准的看不见的规矩。规矩还可以有很多不以规则来呈现的形式，比如，一次走心的聊天、开心的游戏，甚至是奖励和纵容，都可以帮助我们为孩子建立良好的规矩。

如果我们一定要用规矩的形式，那么最好不要一上来就硬性地要求孩子必须遵守某个规矩，最好是先让孩子理解并且接受这个规矩背后的道理。比如，我在网上看到，一位父亲为了不让孩子叼着筷子，就把筷子插在西瓜上，西瓜倒下来时筷子穿透了西瓜。用类似直观的方式，帮助孩子理解遵守规矩的原因，他们就会一定程度地主动遵守。

另外，无论我们采取哪种形式来立规矩，规矩都不是越多越好，而是越必要越好。有些情况是孩子自然天性的表现，或者是不同成长阶段的正常行为，那就不必刻板地定规矩了。

比如，坚决不允许孩子不尊重长辈，这本身无可厚非。可是一两岁的孩子，就是会无端地一巴掌打在父母的脸上，他们可能坐在父母的头上，踩在父母的肚子上。他们虽然不知深浅，但是也没有恶意，这很可能还是他们表示亲近的举动。孩子感到委屈而大哭，那很可能是他们需要释放情绪，这时候比较好的应对方式是疏导，而不是禁止，硬性地禁止反而可能压抑他心理的成长。还有，孩子在家里一刻也不停地折腾，这可能是因为他正在快速生长，异常活跃的细胞在推动他、促使他去消耗和释放。面对这些情况，我们都不该强制地立规矩！

子钦就是比较好动的孩子，他小时候喜欢在我身上折腾，这就是他表达爱的方式，所以我没管他，他想怎么折腾就怎么折腾。如果他真的像个成年人一样安静、稳重，那恐怕才是令人担心的。在我用手机给他拍的视频里，他总是动来动去，我都不知道他下一秒会在什么位置。尤其是在讲一个深奥的知识时，他会不由自主地动起来，我估计那是他通过身体的运动，来帮助大脑思考的一种条件反射，所以我没有制定规矩来禁锢他。但是，他在看科普视频的时候，会十分安静、专注。那一刻我所要做的，就是尽量避免有人去打扰他，以保护他的专注力。

多数家庭的规矩都是以规则的形式呈现的，其实这本身并没有问题。但是，如果我们立规矩并不仅仅是为了家庭秩序，还是为了让孩子变成更好的自己，那么我们的规矩就可以有更多的形式来呈现。因为越是"治本"的教育，就越是忌讳刻板和教条，一切的规则和方法都是灵活的、随机应变的。

假如我们不能确定一条规矩该不该制定，可以和孩子谈谈，听听他的意见，再采取一点试验性的行动。当然这个过程离不开家长的观察与思考。一旦这个规矩得以实施，孩子会因为自己参与了这个规矩的制定，而更好地遵守它。

规矩不是越多越好，而是越必要越好。

六、自律：孩子内心的情愿

1. 什么是自律

我们之所以立规矩，是希望孩子学会自律。那么，什么才是自律呢？今天的孩子面临那么多的诱惑，有没有可能真正做到自律呢？自律是不是发展孩子天赋的条件呢？

什么是自律？其实从广义上讲，自律本身也是一种天赋，但是绝大多数的人都没有这种天赋。自律并不是发现孩子天赋的条件，但它却是发展孩子天赋的条件。我们最初发现孩子的天赋，并不是因为他们自律，而是因为他们不由自主的、发自内心的热爱。

比如子钦，最初他十分自律，就像一个小小的科学爱好者，每天都自主地学习。然而接下来，一个非常现实的问题产生了。小的时候他啥都没见过，多枯燥的内容他都觉得新鲜。可是随着年龄的增长，他发现电脑里有趣的东西越来越多，所以他可能看着看着就脱离了科学知识的范畴，看得越来越杂。我在一旁观察，他这一阵子喜欢海洋生物，过一阵子又开始了解飞机、火箭，再过一阵子又去看积木动画、电影集锦、玩具解说……

互联网上的诱惑这么多，如何要求一个孩子自律呢？自媒体的发展提供了源源不断的内容，然后被互联网强大的算法根据每一个人的喜好推送到他们面前。在这样强大的诱惑面前，多数人是没有办法抵抗的。再怎么自律的人，也可能沉浸在手机里，我本人就是其中一个。

子钦作为一个小男孩，当他手里拿着平板电脑，各种各样专门吸引小朋友的内容不断推送到他的眼前，无论他多么热爱科学，都不可能不受干扰。这令我十分无奈。把模式调成儿童模式，屏幕上的内容就是单一的几个动画片；关掉儿童模式，就什么都可能出现。在这样的前提下，我没有办法要求他只看科学知识。因为我们成年人都管不住自己，却要求一个孩子自律，这不公平。另外，强行要求容易让孩子产生逆反心理，反而不利于他天赋的发展。

那么该怎么办呢？我先和他一起专门挑选了知识类的内容，做了关注与收藏。我对他说："网上有很多不适合小朋友观看的内容，爸爸必须替你把关，你最好能做到只看我们一起关注、收藏的内容。"他点头答应。可是没过两天，我就发现关注和收藏的内容变多了，一琢磨，应该是这小子看到吸引他的内容就擅自关注和收藏了。这可怎么办？

我找他过来，没有直接聊在诱惑面前如何自律的话题，而是先和他探讨了两个概念：一个是"精神鸦片"，另一个是"快乐陷阱"。我们俩找资料、看视频，先想办法让他把这两个概念弄懂。然后我们打开了收藏与关注的内容，让他判断哪些可能是"精神鸦片"和"快乐陷阱"。然后我问他："你已经知道哪些不适合你了，对吗？"

他点点头，我接着说："以后，如果你需要，我可以在不适合的东西想要控制你的时候，提醒你关掉，把你拽回来。你希望我提醒你吗？"他表情严肃，认真地想了一会儿，对我说："你偶尔提醒一下吧！"

说实话，我并不奢望通过这样的沟通就能达到效果。我们做家长的都有过这样的感受，通过一两次的沟通，并不能改变一个小朋友的思想和行为。这是十分正常的。有时候孩子需要通过几个月，甚至几年，才能养成一种习惯。这需要我们做父母的在日常生活中不断地付出、不断地沟通。

如果我们不进行这么多的沟通，而是强制要求，可以吗？事实上，如果我们的方式是强制的，那么孩子会暂时伪装成我们希望的样子，终有一天，当他们脱离了管制的范围，可以自己支配时间的时候，过去所失去的一切，包括那些容易成"瘾"的东西，都会被他报复式地、贪婪地找补回来。所以，看似有效的强制，却很难真正地改变对方。只有孩子自己内心情愿，才能做到真正的自律。

大家看到我多次提到"兴趣"这两个字，其实并不是我多么推崇它，而完全是出于一种无奈。因为离开了兴趣，人再怎么努力也难以情愿，不情愿的自律根本就是一种假象。

我看过一位音乐家的访谈，他说小时候他的母亲逼着他学钢琴，拿着戒尺在一旁监督，不学就会打他。当时他听着窗外孩子们的嬉闹声，很委屈地想自己为什么不能像那些孩子一样有一个快乐的童年。多年以后，他成了音乐家，那些玩耍的孩子都没有他今天的成就。当他回忆自己的童年时，十分感激他的母亲。

这个故事差点让我也变成一个手握戒尺的父亲，但我没有选择那样做，因为我对这是否适用于我的孩子没有信心。每个小朋友的性格都不一样。我们所知道的别人的教育方式大概率是片面的，真实、完整的情况我们并不了解。我们很难遇到一个家长把他养育自己孩子的经历，像我这样完整地呈现出来。所以在教育的过程中，恩威并施的"恩"与"威"的比重，我们只能根据自己家庭的情况来调节。

我们可以通过锻炼孩子，让孩子养成吃苦耐劳的精神和坚持不懈的品质，从而让孩子形成下意识的自律，等到他们独立、能自己做主后，依然会把内心的情愿作为自律的依据。

可能有家长会问，没有戒尺约束的孩子，能实现自律吗？那么我想问，孩子自律仅仅是因为戒尺吗？我更愿意相信，那位音乐家的成就主要来自成长中的机遇，以及他的音乐天赋和对音乐的热爱。所以，我们回过头再来看这个问题，没有戒尺约束的孩子完全可以实现自律，但这需要一个前提，那就是热爱。热爱才能自律，压迫是"他律"。

那么我们家长有没有办法来人为地让一个孩子自律呢？有办法！

2. 如何建立自律

建立孩子的自律需要"潜移默化"。教育有一个特点，就是强行的学习逐渐减少，潜移默化的学习才会逐渐形成。好的教育方法，可以做到"好法知时节，润娃细无声"。

让我们来看具体的做法。我把孩子的自律分为生活的自律和学习的自律，然后把这两种自律相互关联，进行重组。怎么重组呢？就是把孩子生活的自律学习化，把学习的自律生活化。

如何把学习的自律生活化呢？比如，一个孩子学习数学，我们要帮助他懂得数学的意义并不在数学课堂中，而是在我们生活的应用里。只要孩子去寻找，就会发现从早上醒来到晚上睡觉，每时每刻都在应用数学，孩子见到什么都可以计算一下，这就是把学习的自律生活化。就像子钦对科学知识的学习已经成为他生活的一部分，在大多数时候，他都不像是在学习，更像是在探寻未知的宝藏。这成了他生活的乐趣。你只要把元素周期表挂在墙上,他就会自己一个一个地去了解。

把学习的自律生活化,需要我们激发孩子学习的兴趣和热情,从而让孩子自然地产生自律。而把生活的自律学习化,就像上厕所、穿衣服、用筷子等,这是孩子的刚需,是他必须学会的东西,单纯重复就能形成生活的能力,并不需要多大的兴趣和热情。

当孩子在学习过程中面临必然会出现的来自外界的干扰,比如我在前面提到的网络算法推送的问题,我想我们也不必过于担心,孩子看一些动画故事、玩具搭建视频、电影集锦,有时也是一种学习。我们所担心的往往是孩子没有按照我们的要求,去学习各种既定的课程,在这种情况下我们会感觉孩子不自律。而对孩子们来说,了解世界是他们与生俱来的天性。对他们好奇的东西,他们会自主地学习、疯狂地摄取,这也是孩子的另一种自律。

如果我们不把学习局限于学习课本,就会发现天底下的孩子都在进行着自我学习。我们所谓的不自律,只是他们对家长的某一部分要求有所排斥。这就需要我们家长做一下自我检索,看看我们要求孩子学习的内容,哪些是刚需的,哪些是可以把学习的自律生活化,让孩子自然接受的。客观地讲,每个人都只会接受自己愿意接受的东西。尤其是孩子走向社会、自己做主的时候,他们更会遵从自己的内心去接受喜欢的东西,而再也不会遵从我们的要求。所以,如何让孩子愿意才是我们需要重点研究的课题，这也是因材施教、兴趣教育变得重要的原因！

兴趣教育，能解决全部的问题吗？是不是只要用兴趣教育激发孩子的兴趣，我们家长就可以不用怎么管，可以顺其自然、"无为而治"了呢？这完全不可能。作为孩子，他当然希望自由自在、为所欲为。如果家长完全不管，后果将不堪设想。

不过，靠孩子的兴趣达到"无为而治"，也不是一项不可能的任务。虽然兴趣教育不能解决全部的问题，但是由兴趣引发的沟通、利用孩子的兴趣培养出来的习惯，都是效果显著的。

让我们来分析这样一种情况，你有没有过这样的经历，某一天，你看到一个小朋友很自律，就问他的家长是怎么做到的，而他的家长却说"我什么都没做"。那么这位家长真的"什么都没做"吗？不可能，这只是一种说辞。要是你也学着什么都不做，那结果一定很糟糕。如果一个家长不去强行要求他的孩子，而他的孩子还能变得特别出色，那么多半是这位家长有着清晰的教育思路和更多的付出，尤其是这位家长对自己本身可能有着更多的要求。

那他为什么要说自己"什么也没做"呢？其实，这并不一定是这位家长在故意敷衍，而是确实有些东西一句两句话说不清，只可意会，不能言传。我举个例子，比如这位家长的孩子在看动画片《猫和老鼠》，他没有去干扰孩子，理由有四个：

第一，家长小时候也喜欢看《猫和老鼠》，这是一个孩子童年的一部分，他没有权力去剥夺孩子的快乐。而且孩子的快乐情绪得到释放，有助于心理健康。

第二，孩子正全神贯注地专注于一件事物，经常受到突如其来的干扰，会让孩子习惯于在专注的时候被打断，影响专注力的培育。

第三，《猫和老鼠》的故事，只有追逐这一种桥段，只有弱小不能被欺负这一个主题，却有丰富而幽默的动作和场景设计。孩子体会这些细节的描写，对于善恶观的形成以及将来写作文，都有一定的好处。

第四，家长不会纵容孩子一味地看下去，他已经和孩子约好了看二十分钟就停止。家长要通过这样的方式，培养孩子守信、守时的习惯。

在整个看动画片的过程中，孩子是自由的、快乐的，而家长一点都没闲着，无时无刻不在培育孩子。长此以往，我们就可能看到这个孩子既守信又守时、既快乐又专注的样子。这些看似轻松的"无为而治"的背后，是家长更多的思考、更多的付出。当这个孩子在外面和小朋友玩的时候，他的家长随口说一句"我们再玩十分钟就回家"，孩子就会遵守时间；而一旁没有养成守信习惯的孩子，就可能会在地上打滚。那么当我们问这位家长，你到底做了什么的时候，他似乎只能回答"我什么都没做"。如果我是这位家长，我会建议孩子在看了《猫和老鼠》之后，再去看一点有更多知识的动画片。这样不仅能培养一些习惯，还能顺便丰富一下孩子的头脑。

小朋友眼中的核聚变

我：戴森球是怎么回事？你给我讲讲。

子钦：戴森球是宇宙二级文明，我们现在就一级。它是个球，你知道它有多大吗？它连太阳都可以包住，获取一部分太阳的能量。我告诉你，现在解决我们能源的问题有两个方式：一个是核裂变，一个是核聚变。核裂变的危险很大，当然核裂变不太好嘛，我跟你讲讲核聚变吧。

我：好吧。

子钦：我告诉你，第二次世界大战的时候，美国和苏联都称他们有核动力飞机，就是核动力战斗机。

我：那是真的吗？

子钦：最后还是没有拿出来用，因为装在飞机上的核裂变太危险了，万一自爆了呢？装在汽车上也不行，万一被恐怖分子偷去做炸弹怎么办？

我：啊，那可不。如果是核聚变技术，可以吗？

子钦：核聚变就可以了。虽然他们就差一个字，但是完全不一样。

我：啊！它们有什么区别呢？

子钦：就像那个福岛核电站爆炸，周围需要撤离三十公里。而核聚变呢？这个只需要撤离一公里。核聚变的温度你知道多惊人吗？一亿摄氏度！你不能光达到这个温度，你还得保持这个温度。任何东西接触一亿摄氏度都会被烧化,那什么东西才能抵抗这么强的高压、高温呢?这就要提到它的一个最好的东西——托卡马克装置。

我:什么?

子钦:托卡马克装置。然后需要提到超导材料。

我:超导材料?这样就能实现什么呀?

子钦:可控核聚变。我告诉你啊,水有巨大能量,核聚变需要的主要成分就是氢,水里面都是氢,就是做氢弹那个氢。如果可控核聚变实现了,那人类就不用再抢夺能源了,因为核聚变就是无限的绿色能源。

我:哦,绿色能源。

子钦:自由能源,那个是无限的。

我:那个时候还会有战争吗?

子钦:那肯定没有啦,不再抢夺能源啦。

我们看这一段对话,此时子钦刚满五岁,处于上学前比较放松的阶段。很多人问我,为什么他边玩边聊,说起科学知识那么自如?我想这和他的状态比较放松有关。那时的我很少直接要求他,而是采用多陪伴、多交流、多鼓励的办法,在不经意间引导他。可这一切在外界看来,就是"什么都没做"。

通常这么大的孩子并不能理解和平的意义,一般只会觉得打仗很热闹,而他之所以能这样表达,就是因为他在四岁时听过"妈咪说"老师讲原子弹的诞生过程。我曾不经意地和他聊起战争，那时就在他心中埋下了对和平的向往。

　　所以，很多表面上的轻描淡写，都经过了内心的深思熟虑。或许世界上并没有什么"无为而治"，只有"无为无不为"，就是你看似什么都没做，其实做了很多。当我们家长每时每刻的思考与行动都渗透在生活的点滴当中，久而久之，教育就成为一种生活，孩子的成长就是进步。

没有"无为而治"的教育，只有"无为无不为"。
教育孩子，就是在人为的干预和他们的自然生长之间，找到最佳的平衡。

让天赋推动自我教育。

第 **4** 章

发展孩子的天赋，父母应该注意什么

一、厘清教育思路

在发现了孩子的天赋之后,家长是不是就会变得轻松了呢?很可惜,并不会!我也曾经因为看到孩子的天赋而感到喜悦,可是冷静下来后,作为一名家长,我经历了艰难的思考。

举个例子,我家约束比较少,所以子钦经常待在舒适区里,这样也形成了他的一个缺点,就是懒散。他会窝在沙发里看平板电脑,歪在椅子上吃饭。本来我对这些行为不太重视,但是知道了子钦的天赋之后,子钦的懒散开始让我感到不安。为什么我在不知道的时候没有过分担心,知道了之后反而不踏实呢?因为一个更大的问题随之而来,就是:"如果他是一块好料,那可不能毁在我的手里!"

在发现孩子的天赋之前,我们家长的难处在于没有方向。而一旦找到了方向,则需要家长持续地付出。别的事情做不好时我们可以试错,可是教育孩子一旦出错了,结果将不可逆转,因此此时的家长反而更容易焦虑。我们应该怎么做才不会错?我们需要通过思考,厘清教育的思路。

为了孩子，我们似乎没有退路，只能用焦虑去启发思考、厘清思路。

1. "培优"是唯一出路吗

按照我们通常的理解，如果一个孩子展现了他的天赋，家长就需要按照这个天赋来培养，应该来个"培优计划"，寻找"天才班"，进行"重点教育""拔尖教育"。

那么，"拔尖教育"是教育孩子唯一的正确方式吗？想当年在我上学的时候，学校里分尖子班和普通班。那么，尖子班的孩子就优秀，普通班的孩子就差吗？

有时候，获选的不一定优秀，落选的也不一定差。那些选上的孩子很可能此前针对这个标准进行了强化培训，这并不等于他们更加优秀，而那些没有被选上的孩子也一样可能是优秀的。或许这就是教育的复杂性吧！

什么是优秀？谁又能定义这个"优秀"？如果孩子考上清华、北大才是优秀，那么当他面对考上牛津、剑桥的孩子，是不是也会变得不够优秀呢？而考上哈佛的孩子，是不是就一定优秀呢？我们陷入一个比赛的旋涡，而忘记了思考问题的本质：我们的孩子为什么要学习？

孩子越是有天赋，越需要他的家长对一些根本的问题有清醒的认识。"都在让孩子好好学习，可是为什么要好好学习呢？"因为考学、工作、赚钱？难道这就是成功？

什么是成功？成功有时像赌博，你赢的都是别人输的。这种建立在功利竞争上的成功，是以多数人的失败作为代价的。在一个人喜悦的背后，是更多人的痛苦。这样的成功能成为人生的意义吗？如果不能，我们又为什么要让孩子好好学习？

其实很多的道理我们心里都明白，孩子的成长应该大于成绩。学习的意义也不仅仅是获得文凭，评价一个孩子的标准也不应该是分数。学校的使命在于养成孩子学习与思考的习惯，并且让这种习惯伴随他一生。

而现实却是竞争越来越激烈，孩子们的压力越来越大。本来灵性十足的孩子，却因为学习变得目光呆滞。只是有些"卷"，就已经让"不优秀孩子"的家长们感到绝望，他们发现更聪明的孩子比他们的孩子还努力。于是大家进入了一个循环，刷更多的题，补更多的课，制定更高的分数线。而与此同时，我们又看到许多杰出的人才却有着辍学的经历，看到上学期间成绩突出的孩子，毕业之后去给"差生"打工。问题到底出在哪里？

在平面几何中，三角形的内角和是180度。而在马鞍面上或者球面上，三角形的内角和却小于或者大于180度。我们生活的宇宙不是平面的，爱因斯坦在探索宇宙的过程中，发现平面几何不足以支撑他的研究，于是他刻苦学习了曲面几何以及相关的数学知识，才帮助他得出了广义相对论。知识的功能是帮助人们解决可能遇到的问题。人类的进步就是这样，因为要去做基本的交换，所以才有了最初的数学。因为我们发现自己掌握的知识，不能够支撑我们对世界的理解和对工具的操作，所以我们才要去学习更多的数理化、文史哲知识。而学习的根本目的，就在于满足我们日常的工作与生活的需要。

由此可以得出，学习能丰富孩子的头脑和心灵，能帮助他们解决日常遇到的困难和问题，帮助他们成为生活和工作上的能手。解决的问题越多，他们就越了不起，越会成为大家眼中成功的人！所以好好学习，不只是为了考试。如果孩子考试成绩不好，我们千万不要觉得他不优秀。但是他却不能不学习知识，因为知识在他未来的生活里能被用到。那么我们作为家长，就需要承担帮助孩子理解学习的意义、养成良好学习习惯的责任。

孩子就像家长的一面镜子，我们所担心的孩子的问题，往往是我们自己现在面临的问题，而不一定是孩子未来会面临的问题。有些东西想通了，我们的心就静下来了。在不那么焦虑、纠结的状态下，我惊讶地理解了一个之前一直隐藏着的事实，那就是：每个孩子都是天生的学习者。

每个孩子都是天生的学习者。

2. 天生的学习者

"每个孩子都是天生的学习者"这句话，准确地说，应该是每个孩子都有着天生的好奇心、求知欲和探索欲。每一个人，哪怕他只有一岁，都具有一个精神内核，这个内核会自然地生长、发展。每个孩子都具有超强的学习能力，他们一直尝试着去感知、触碰、体验这个世界。而这些孩子身上与生俱来的灵性，最怕的就是被焦虑的家长关进牢笼。

如果地球变成黑洞

我：如果地球变成一个黑洞，会变成多大呢？

子钦：太小了，手指甲盖这么大？

我：这么小啊！如果太阳变成一个黑洞呢？

子钦：我告诉你，那就得北京那么大。

我：北京那么大啊。

子钦：啊，没有没有，我是逗你玩呢。其实他只需要房子这么大。

我：水星坍缩成黑洞呢？

子钦：这么点儿大，因为它比地球小。金星的这么大（比水星大）。

我：金星有没有地球大呀？

子钦：没有。

我：太阳系里的行星从大到小怎么排呀？

子钦：最大的是木星，木星完了就是土星、天王星、海王星，然后就是地球，再然后就是金星、水星、月球、冥王星。

我：落掉一个呀？

子钦：什么呀？哪个呀？

我：离地球最近的是什么星？

子钦：火星。

大家看这一段对话，在这之前，子钦了解了科学家用"史瓦西半径"理论，计算出地球如果变成黑洞，直径将是九毫米长。在我提问的时候，四岁的子钦正在根据太阳系行星的大小比例关系，结合"史瓦西半径"理论，推测各大行星变成黑洞的话，直径会有多大。

他正在运用计算、感觉、类比、分析等方法来回答我的问题。几乎每一个四五岁的孩子都可以在他们感兴趣的领域里做出类似这样的运算，这就是孩子们作为"天生的学习者"的样子。

原来，事情并没有我们想象的那么糟糕。每个孩子都是"天生的学习者"，他们的每一个"为什么"都是出于纯粹的求知欲；每个小朋友都曾梦想成为超级英雄，去除恶扬善、造福人类。我们不要以为他们的梦想不切实际，孩子作为"天生的学习者"的原动力，就是来自他们对世界的好奇与思考。在这种力量的驱使下，孩子们不会把"干掉别人"作为拼搏的目标，而是会把弥补自己的不足作为努力的方向。而开发孩子作为"天生的学习者"的原动力，就是我们家长的责任所在。

焦虑几乎是每个家长都会遇到的问题。从某种程度上讲，焦虑也可以启发家长的思考，帮助探索和厘清教育的思路。我们家长只有解决了自身的问题，才能更好地教育孩子。我是一个越焦虑越反思的家长，在这里我把思考的结果分享给大家，感谢思考解决了我的焦虑。我们总说家长需要自我提升，其实我们家长并不需要多高的学历，但是需要清晰的思路，这样才能为孩子创造更大的提升空间。如果缺失了自我反思，我们家长的很多提升都将是表面文章。

我十分理解自我反思的艰难，正是因为艰难，我们中的很多人才只听方法，不听原理。其实方法论本身是没有问题的，但我们只有在理解方法背后原理的前提下，才能更好地甄别和施行。事实上，如果我们真的理解了原理，是可以自己创造方法的。所以，我在这里建议家长朋友，可以根据自己的情况多一些思考。

那么在思考过后，我们应该怎样找到具体的方法，让我们的孩子持续地保持感兴趣的状态，使他们不断地进步呢？

六岁的哥哥看书，两岁的妹妹总是喜欢一起看。
"每个孩子都是天生的学习者"，就是每个孩子都对世界充满好奇，他们都有着天生的、强烈的求知欲和探索欲。

二、推动自我教育

1. 让天赋推动自我教育

　　发现孩子的天赋，并不是我们的最终目的，不浪费孩子的天赋，才是意义所在。只有天赋持续发展，才能形成孩子的特长。所以，发展孩子的天赋对于包括我在内的已经发现孩子天赋的家庭来说，尤为重要。那么怎么持续发展孩子的天赋呢？有没有具体的思路和方法呢？

　　每个孩子都是天生的学习者，就看家长有没有把孩子放对地方。把一个孩子放错了地方，比如让一个五音不全的孩子学习声乐，那他很快就会变成我们常说的"不听话""不好好学习""缺乏自律"的孩子。子钦学习科学得心应手，就是因为他被放对了地方。人一旦找到了自己的位置，是可以"自己教育自己"的。当我们从这个角度去理解教育，就会看到但凡值得我们学习的人，都是他在合适的位置上自我教育的结果。

　　学习可以快乐吗？有人说，古人留下了"学海无涯苦作舟"的名句，就是告诉我们学习是痛苦的。是的，可是古人还说过"学而时习之，不亦说乎"，就是说学习是快乐的啊。痛苦和快乐都让古人说了，到底哪个对呢？我青少年时代的一段经历，告诉了我答案。

我十六岁上了中专，学习会计。会计，对我来说太难了，我无论怎么努力都搞不懂应收款和应付款怎么计算。我像个知识的"绝缘体"，越来越厌学，越来越绝望，最后终于自暴自弃，被学校劝退，成了自己都瞧不起的"坏学生"。

六年之后，我去北京广播学院（现为中国传媒大学）进修，这下我遇到了喜欢的专业。如果学会计对我来说就像把鱼放在沙漠里一样难受，那么在北京广播学院的学习让我如鱼得水。我没怎么努力，成绩就很好；我喜欢看老师在台上侃侃而谈的样子；写起论文来，我可以一气呵成。在毕业的时候，我看着手里的优秀学员证书，回想已经逝去的时光，我自己都在苦笑，原来我是个"好学生"。

随后我去了电视台工作。一年之后，留在北京广播学院专升本的同学联系我，说他们上课时，老师讲课用的教学片是我导演的获奖新片。

我想这就是把一个人放在对的地方，他所释放出来的能量。天赋可以推动一个人自主学习。兴趣和天赋相互作用的好坏，决定着学习是快乐的还是痛苦的，高效的还是低效的。

怎么解释呢？在兴趣和天赋兼备的情况下，天赋和兴趣就产生了相互作用，学习就变成既喜欢又擅长的事情，在学习的过程中就会拥有成就感和自信心，从而进一步激发孩子的学习兴趣和动力，孩子学习起来就会事半功倍，此时的学习就是快乐的。而缺失兴趣和天赋，学习就变得越来越艰难，从而产生痛苦。所以，天赋可以推动孩子的自主学习，由此形成学习方法和习惯的过程，就是孩子的自我教育。

每次去博物馆，都是子钦带着我参观，我想这就是他在进行自我教育。

有人曾经问我，支持孩子的天赋发展会不会导致孩子偏科？事实上，我们不支持孩子的天赋发展，他也可能会偏科。这和天赋没什么关系。相反，如果我们善于利用天赋发展中的"兴趣"，调动孩子的学习热情，还可以帮助孩子提高注意力，来弥补他在其他学科上的不足。

举个例子，由于没有提前学习认字，子钦在阅读的时候经常遇到生字，这让他产生挫败感，进而形成阅读的障碍，具体的表现是看书的时候容易犯困。但是他看讲量子力学的儿童丛书却一点都不困，上厕所都要拿着看。他会因为喜欢看量子力学方面的书，而喜欢上看书；他养成了看书的习惯，就会去看其他学科的书。从他的兴趣和天赋出发，让兴趣和天赋产生相互作用，就能逐渐提高他的阅读能力。

孩子由于天赋引发兴趣点，找到自主学习的状态，他的学习将变得轻松而有趣，进而提高整体的学习能力，带动其他学科的学习，实现多学科的自我教育。

回看我学会计的经历，我明白了，每个孩子都有自己的特长，也都有他的短板。特长有利于自我教育。上学的孩子都处在同一个场景，他们要完成统一的教学任务，这就和个人的特长产生了矛盾，于是在学习任务面前，孩子习惯于被动地完成，而不容易实现自我教育。这就是我们家长经常感到焦虑的重要原因。那么面对这样的矛盾，我们家长该怎么办呢？这就涉及问题的另一个解。

继续用我学会计的案例来解释。有一次，我把我学会计的经历讲给一位教授听，这位教授不认为我学不好会计是我个人的问题，他说："是你的会计老师没教好。"

我作为学生，不敢说老师没教好，但他的话给了我一些启发。我们不妨做一个假设，假设这位教授的话是正确的，那就意味着确实是会计老师没教好，意味着我是可以学好会计的。这就有趣了，说明我学不好会计是因为我一直都没有开窍。所以让孩子开窍，就是问题的另一个解。

怎么让一个孩子开窍呢？让我们将心比心，我学不会"应收款"这个词，原因就在于不能理解"应收款"的意思。如果能理解"应收款"的概念和这样表述的原因，我就会理解计算的过程和方法，而由此产生的成就感和自信心会鼓励我去挑战理解更多的概念，学习就会变成一件有趣的事情。"有趣"可以驱动自我教育，只有由兴趣驱动的学习，才是自主学习。子钦就是在童年的时候，在他喜欢的学科里，处在主动的、自我的学习状态，因此他的学习变得有趣。这种状态能够帮助孩子提高学习的能力，这样他们可以在更多的学科里实现自主学习。

也许有人会问，如果没有利用孩子的天赋，还能实现孩子的自我教育吗？当然可以，这里面的主次关系是，教育本身并不需要依靠孩子的天赋，而是天赋的发展需要依靠良好的教育方式。有趣的是，孩子的天赋本身，就是我们可以利用的一种绝佳的教育方式。天赋能够在很多时候帮助孩子实现自我教育，从而带动他在很多方面成长和进步。也就是说，我们可以利用他的天赋来教育他，帮助他养成更好的习惯。

举个例子。有一天，子钦不想起床，小朋友不想起床很正常，但是子钦的奶奶故意说了一个话题，她说："我们生活在宇宙里，多幸福啊！"

没想到子钦听到这句话，努力地把自己撑起来，坐在床上对奶奶说："不是的，你看到天上是美丽的星空，其实那里面有很多的射线，伽马射线、红外线、紫外线……"随着他的讲述，他完全从睡眠状态调整到了清醒状态。这就是一个因为天赋产生浓厚兴趣，帮助孩子调整生活习惯的实例。

在很多情况下，我们的孩子是通过强迫式学习来实现自我教育的。但这依然需要孩子理解知识的原理，才能产生一定的学习兴趣，才不至于厌学。只有由兴趣驱动的学习，才是自主学习，而天赋就是兴趣的"催化剂"。

说到这里，针对还没有发现孩子天赋的家长朋友，让我们聊聊在不利用孩子天赋的情况下，怎样实现孩子的自我教育。我们不要单纯地使用"我说你听"的方式来教育孩子，这会使孩子渐渐地失去自我。除了"我说你听"，教育还有很多方式，其中比较好的一种就是把教育不知不觉地融入孩子的生活中，这样他们就会变得比我们想象的还出色。"把教育不知不觉地融入孩子的生活中"非常关键。我认为好的教育绝不是把孩子叫过来收拾一顿，在我看来那是最糟糕的教育。教育本来就应该是蕴藏在我们生活的每时每刻中的，就像一个人的学习不仅仅是在校园，应该伴随我们的每一天、每一刻，伴随我们的一生。

我举个例子，让大家看看什么是不需要利用孩子天赋的自我教育。子钦六岁时上了小学，他每天需要七点钟起床。有一天，我严重失眠，刚睡着闹钟就响了。我俩睁开眼睛，我对他说："爸爸一夜没睡，太困了，这样开车不安全。今天早上，我能不能再睡几分钟？你自己起床，收拾好了再叫我，我保证你叫我的时候，我一秒钟就起来，可以吗？"

他答应了，于是我就真的睡了。睡前那一瞬间我还想，就用迟到作为代价，考验一下这孩子吧！他叫我的时候，我果然

"腾"的一下就坐起来了,他看着我开心地笑了。我看了一下表,比我先起来催促他穿衣服,晚了五分钟。我问他:"你是不是磨蹭了一小会儿?"他腼腆地笑着点了点头。

那天早上,在我熟睡,子钦一个人穿衣服的过程中,他的心里经历了一个自我选择的过程。也许他也想过躺下再睡一会儿,而最终,他说服自己遵守了自己的承诺,实现了一次自我教育。

于是我和他约定,以后每次我熬夜或者失眠,早上都由他叫我起床。其实,并不是我自己起不来,而是我希望通过他叫我起床,通过这样的"后续",帮助他养成自己起床的习惯。以后,再让生活里更多的好习惯,帮助他进行多个方面的自我教育。而我提到的这个"后续",就是养成孩子自我教育的关键!

相信每个孩子都具有自我教育的潜能。

2. 了不起的"后续"

"后续"是什么？我们又该怎样运用这个"后续"？让我们从另一个角度切入这个话题。前面谈到，孩子的自主学习往往出于他自己的兴趣，而这个兴趣通常源于孩子本身就具有的天赋。所以很多人都认为兴趣是不能凭空出现或强行培养的。

我基本同意这样的观点，但是我们不妨再深挖一个问题，就是如果一个孩子从自身看并不具备某个兴趣，那就一定不行吗？小朋友的"兴趣"，可不可以通过营造环境来诱发出来呢？

事实出人意料，在通常情况下，这竟然是可以实现的。根据脑科学的研究，人的大脑并不是生下来就一成不变的，它还在不断地生长和变化。同时，我们以为孩子不感兴趣，并不一定真的是他不感兴趣。孩子排斥可能是因为某种不愉快的感受或者是有某种顾虑。当我们帮助他打消了那些顾虑，他的兴趣也许就来了。这时候，家长完全可以用具体的方法来唤起他的兴趣。而无论使用什么方法，都需要抓住"后续"。

"后续"，就是利用孩子当下的反应，把教育不知不觉地融入孩子的生活中，从而达到极佳的连续学习、持续进步的效果。

举个子钦学习认识数字的例子。当时，我在网上看到有家长抱怨，说让一两岁的孩子认识一到十的数字特别困难，教了很多次，孩子都学不会。而子钦学习认识数字时，没怎么教他就会了。这并不是因为子钦聪明，而是因为子钦的奶奶用一个自然而然的方式，不知不觉地教会了他。

在子钦刚会走路的时候，奶奶经常带他出门溜达。每次出门，子钦最喜欢看汽车，奶奶就带着他去认那些车牌上的数字，于是子钦不仅很快地认识了数字，还顺带着认识了英文字母。

子钦两岁半，奶奶带子钦去水边捞树叶。

子钦三岁，奶奶带子钦认识蔬菜，数一棵菜上面有几片叶子。

我相信，网上那位抱怨的家长如果用这样的方式，他的孩子也一样能很快认识那些数字。怕就怕那位家长选择了孩子没有学习兴趣的时间和空间，逼迫孩子认识数字，孩子做不到就觉得孩子笨，产生急躁情绪，并且习惯于数落孩子。这一系列操作下来，再聪明的孩子也会变成笨蛋。另外，尤为重要的是不能没有"后续"，在孩子懂了一点之后，家长一定要抓住那个瞬间，千万不要就此停止！

不要停止！那接下来要做什么呢？发现孩子的天赋，就好像在山中发现了金子，但是我们并不知道金子的纯度、储量等指标。要想开启宝藏，我们还需要发展，发展就是发现的"后续"。

如何发展呢？我们可以把孩子想象成一个饥饿的人，而把孩子感兴趣的知识当作这个饥饿的人喜欢的食物。对喜欢的食物，饥饿的人不会只吃一次，他会吃了还想吃。怎样喂饱他，即"有方法地喂饱这样一个饥饿的求知者"，就是我们父母如何发展"后续"的学问。你不能不给他吃，总是不给他吃，他就被饿死了。另外，你也不能在他已经吃饱的时候继续喂他，那样他没办法消化，会吐出来。掌握这个度，就是教育的技术。

客观上，孩子对学习的渴望很难轻易就满足，他们都有"十万个为什么"。每一个"为什么"，都代表着这个饥饿的人正在向你索求他喜欢的食物，都代表着一个孩子打开了一个摄取知识的"缺口"；每一个"缺口"都是我们家长的机会。此时帮助他们摄取知识，我们家长就等于抓住了这个机会。而有的"缺口"，尤其是关乎孩子天赋的"缺口"，一旦打开，就会像决堤、雪崩一样，产生影响巨大的"后续"，抓住和处理好这个"后续"，掌握好这个度，孩子就会一路自学下去。

这会很难吗？实际上，如果家长真的用心，抓住这个"后续"并不难，它就蕴藏在我们每时每刻的生活里、交流中。理论上的解释有些抽象，我们还是用真实的例子来说明。

比如，子钦通过车牌认识了数字之后，又开始问那些英文字母是什么，知道了字母，他又指着车的尾翼问："这是什么？"我说："这是尾翼。"他又问："尾翼是什么？"我告诉他这和汽车在高速行驶的时候，利用空气的压力来稳定车身有关。然后他用理应获得答案的眼神看着我，继续问："为什么？"

这应该是我们家长熟悉的场景。孩子的问题无穷无尽，好像是在反复地证明他对学习的热爱。每一个问题都是我们抓住"后续"的机会，如果家长学识渊博，就可以一直和他聊下去，这就是在做"后续的延伸"。家长可以告诉他空气动力学，告诉他如果没有尾翼汽车会飘起来，告诉他飞机就是这样飘起来的，然后再说飞机的事……

很可惜，我不是一个学识渊博的人，尤其在数理化方面，我简直是一窍不通！我并不知道什么是空气动力学，于是我去查资料，去学习相关的原理。可是学习了之后，我又该怎么用简单的语言向小朋友解释这些深奥的知识呢？儿子提出的问题，暴露了我的问题，引发了我这个做父亲的一连串的反思。

后续的学习，更有趣

我：看这小朋友在干吗呢。巴塔看啥呢？

子钦：在看王院士呢，他是李政道的学生（讲座内容：捕捉中微子，需要光电倍增管）。

我：啥是光电倍增管啊？

子钦：我先给你讲讲光电效应吧。光电效应是用光打在金属板上，它会反射出电子。但是不是什么光都行，如果频率低于某一个值，哪怕你是激光都打不出来；如果频率高于某一个值，连最弱的可见光也能打出来。比如说，这是一个车顶（用平板电脑来假设），如果下很多冰雹，都像芝麻粒那么大，你能给车砸坏吗？

我：不能。

子钦：但是，如果只下一个冰雹，有这么大（像画笔一样大），你能给车砸坏吗？

我：哦，那能砸坏。那就是说，能打出电子跟光的什么有关系？

子钦：跟光的频率有关系，跟光强没有关系。这个就是光电效应。

我：这是谁发现的啊？

子钦：是海因里希·赫兹发现的。

我：赫兹呀，他把这件事搞明白了，是吗？

子钦：不是，不是他搞明白的，但是是他发现的。是爱因斯坦搞明白的。

我：爱因斯坦怎么说的呢？

子钦：他就说，既然能量是一份一份的，光又是一种电磁波，电磁波肯定就是能量嘛，那光是不是也是一份一份的呢？

我：光是一份一份的吗？

子钦：是。爱因斯坦把它称为光量子，就是后来的光子。他因为这个事获得了1921年的诺贝尔物理学奖。

我：但是这跟光电倍增管有什么关系呢？

子钦：光电倍增管为啥叫"倍增管"呢？就是因为它把光电转换放出来的电子倍增，倍增成脉冲……

这段对话发生时，子钦已经上小学一年级了，他依然保持着对科学知识的兴趣。每次看到他学习科学知识，我都尽量和他一起学习，之后和他交流一会儿。这种交流是在相互探讨的氛围中进行的，就像两个人在聊天。我们家长千万不要在此时拿出家长的威严来要求孩子，那就彻底搞砸了。

正是由于有了"后续的延伸"，我才欣喜地看到，原来知识真的可以改变一个人的世界观，即使他是个小孩。当子钦反复地看《从微观粒子到宏观宇宙》这一科普节目，在持续了两三个月之后，我能清晰地感觉到，和他聊天有了一种"其小无内、其大无外"的感觉。他知道我们人类的渺小，有时候看待问题会不经意地去寻找宏观和微观的、主观和客观的不同角度。

"你看不见的，不一定就不存在。"

"如果你在一座山上，你能知道山长什么样吗？"

"你身体里的原子在运动，宇宙万物在运动，所以才有了时间。"

这是子钦四五岁时对我说的话，在他稚嫩的声音里，装载着对世界的好奇和认知。尽管有些认知是因为他的年龄很小才显得特别，但那些话语中蕴含的哲学精神，就是来自他终将形成的世界观、宇宙观。

五岁的子钦由于注重学习的后续效果，呈现出十分高效的学习状态。
那段时间里，他的记忆力、理解力都得到了尽情的发挥，而且十分快乐。

3. 学习的时空规划

　　细心的你应该记得，我在前文中提到了"学习的时间和空间"，这个词很有趣，所以我把它单独拎出来，说说学习的时空规划。本来我们家长对孩子的期望十分简单，就是"好好学习"四个字。然而人越是面对简单的事，就越容易粗暴对待，所以我们常常忽略孩子好好学习的条件。我们要知道，在不同情况下，孩子的学习状态和效率是不一样的。每个孩子都有自己的规律，掌握和运用这些规律，孩子自然就会好好学习；而我们违反这些规律，则会换来相反的结果。

　　每个孩子的情况都不同，教育的秘密就在于知晓不同孩子的不同规律，再根据这些规律来选择合适的方法。我们这里以孩子学习的时间和空间安排举例，看看如何掌握和运用孩子的规律。

　　子钦的奶奶就抓住了这个规律。她的做法是每天让子钦学习一点点，第二天接上之前的内容，温习巩固一下，再学一点点。奶奶的语气像是在聊家常，内容却并不含糊。这样长年累月下来，子钦在不知不觉中，在幼儿园接送、饭后遛弯、周末出游等时候，学会了一些诗词、乘法口诀等内容。用奶奶的话说："一点儿都不费事，反正我俩也要聊天，不如聊点有用的。"奶奶看似随意，却把教育自然而然地融进了子钦的时间和空间里，符合了孩子的生活规律，学习就变成了生活的一部分。

爷爷奶奶带着子钦逛公园,边走边聊奶奶认为"有用的"。

我听说过一个"一万小时定律",大概意思是说,一个人只要在一个专业上学习一万个小时,那么他就会成为这个领域的专家。这个理论在我看来有一个前提,就是需要和孩子的天赋结合才能奏效。试想一位没有乐感的小朋友,即使学习一万个小时的音乐,也很难成为音乐家。

无论"一万小时定律"正不正确,在孩子的学习上,我们都面临着怎么安排孩子的学习时间这个问题。除了安排学习时间,还有一个容易被我们忽视的方面,就是对孩子来说和时间同样重要的空间。合理安排这个时间和空间,可以极大地促进孩子学习的兴趣和效率。不同的孩子有不同的规律,具体怎样安排要根据你家孩子的情况来确定。

我还是以子钦的情况举例子,让我们来看看其背后的原理。

从三岁到六岁，子钦学习科学知识的时间超过了一千五百个小时。他的学习几乎都是在业余时间里完成的，尤其是上幼儿园期间，基本没有固定的学习时间。每天早晨起床前，我会给他播放一些比较深奥的、画面枯燥的科普视频。他往往是被解说的声音唤醒的，然后看十分钟左右的科普视频，再起床洗漱。其背后的原理是孩子早晨刚刚醒来时，精神状态游离，大脑思绪迟钝，此时他们一般不会挑剔，你给什么他就看什么。此时的学习，我不在乎他掌握了多少知识，他更不知道自己是在学习，一切都随缘。而我的目的是通过让他接触知识类的信息，对他的视觉、听觉产生一个刺激，把他从睡眠状态带到清醒状态，这样他之后穿衣服、吃饭时就都不会太磨蹭。

关于要不要给孩子看视频这个问题，我曾在网上看到一位小朋友，因为他一醒来就要看手机，所以他的妈妈为了制止他的这个"坏习惯"，就趁他睡着的时候把他的眼睛画成了熊猫眼。醒来后，妈妈给小朋友照镜子，说这就是你看手机的后果。孩子吓得哇哇哭，说再也不看了。留言区一片赞扬，称赞妈妈做得好。

我不能说这位母亲是错的，也不能说我给子钦看视频就是正确的。两种判断都是教条的，而好的教育应该是灵活的。如果子钦起床前看的不是知识类内容，而是在手机上播放的娱乐短视频，那我也不会同意。教育就是这样，不能一概而论，子钦看的视频都属于在大屏幕上播放的知识类长视频，所以我选择了支持。另外，子钦在三岁之前，基本没有看过视频，连电视都极少看。

开车的路上，是我们经常利用的学习时间。孩子的专注度和他所在的空间有直接关系。车内空间比较密闭，听音频是很好的选择。为了让子钦自然地适应，我的做法是遇到有趣的知识点就暂停播放，和他讨论几句，再继续播放。好的学习状态，需要顺其自然。比如，孩子在车里听课的时候，被窗外的什么东西吸引，我们千万不要批评他"不认真听课，不许东张西望"。本来在路上学点东西就是意外的收获，我们家长要知足常乐。眼睛在孩子的身上，遇到吸引他的东西，他自然会东张西望。我们不要给孩子的学习附加不必要的压力，他在车里被窗外的某些东西吸引，此时我们可以跟他一起交流看到的事物，提升他的观察力，然后再听音频也不迟。

饭前饭后，是子钦看科普节目的时间，这时候他的状态和刚起床时形成了反差，他会自己主动选择一些画面生动有趣的内容，并且十分投入。然后，如果他愿意，就再加点阅读时间。我喜欢在他学习之后，和他就某个知识点做一番讨论。讨论既能巩固知识、加深理解，又能保持兴趣、扩展思维，同时家长还能享受亲子时光。

睡前是我们固定的学习时间。三年来的每个晚上，他都是听着老师的讲座入睡的。这时候的学习就像在听睡前故事，不在于学到了什么，而是让他从一天的活跃状态中静下来，使思绪集中在音频中的某一个知识点上，让他较快地进入高质量的睡眠。我的任务是熟知他每天是听到哪一节课睡着的，第二天播放时再给他接上。

我知道有些家长比较忙,不一定有时间陪孩子,但无论如何,知道有关孩子学习的时空规划的原理,并且具有这种规划的意识,是十分必要的。而且在很多时候,这些方法都是可以运用的。比如睡前,我们只需要十秒钟就能帮助他播放音频,在孩子稍大一点的时候,我们就可以让他自己播放。如果他的天赋是音乐,就可以播放交响乐;天赋是文学,就可以播放名著小说。这样根据孩子的兴趣和天赋规划他的学习,知识就会像涓涓细流一般滋润孩子的成长。

就这样一天下来,子钦在大多数时间都不觉得自己是在学习,只觉得很愉快、很有趣。当这一系列看似随性的对于学习时间和空间的安排,日复一日地持续三年,任何一个小朋友对知识的吸收,都会真切地融入他的生活中。他会在喜欢的学科里慢慢长大,这个学科也会成为他未来的理想。如果你现在问子钦长大以后从事什么职业,他会不由自主地想到自己热爱的科学。

我们没有办法主宰孩子的人生,但是我们可以帮助孩子做学习和生活的时空规划。甚至,我们可以让孩子自己来规划自己的时间,让他们养成时空规划的意识,将来学会规划自己的人生。比如,每到周末或者假期,我都会在墙上画一个表格,把每一天的上午、下午、晚上空出来,让子钦自己填写要做什么。我对他说:"你填写什么都可以,但是不能不填写。你的时间可以浪费,但是不能没有规划地浪费。"

	5月1日	5月2日	5月3日	5月4日
上午				
下午				
晚上				

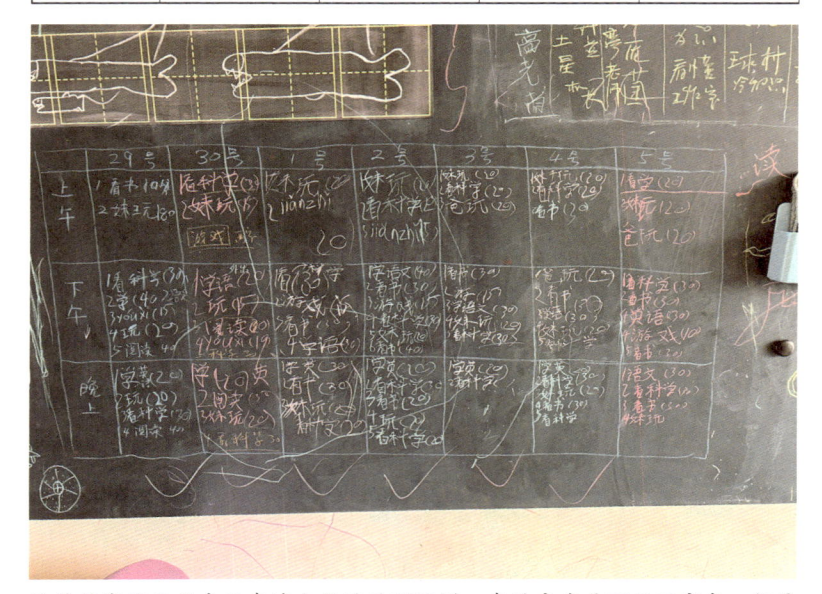

这是假期里子钦自己在墙上做的时间规划，我的底线是可以不完成，但是不能不计划。有的家长则是有了计划就必须完成，我感觉也有道理，但主要是要根据不同孩子的情况来确定。

如果家长愿意，可以把时间细化到每个小时，这样孩子看到表格就知道自己在每个时间段里应该做什么。但是我并没有做细致的划分，甚至没有要求子钦严格地按照表格执行。我想对较小的孩子来说，严格地执行有一定的难度，先让他养成规划时间的意识，感受到规划带来的好处即可。

一个孩子好好学习或者不好好学习，肯定有他背后的原因，学习的时间和空间安排是否适合，就是原因之一。找到那些背后的原因并妥善地解决，不好好学习的孩子就会变成好好学习的孩子，反之亦然。我们家长可以根据自己孩子的具体情况，悄悄地制定适合孩子学习的时间和空间的计划，让我们的孩子真正地爱上学习。

另外，还有一个有趣的角度。为了让孩子学习时更专注，我们可以充分利用那些不学习的时间。比如，充分的运动可以有效地缓解孩子学习的疲劳感，当孩子再次投入到学习中的时候，才会是精神饱满的状态。像滑滑梯、打球、打闹等，都是孩子在运动和玩耍。这时候一定要支持他们进入一种尽兴的状态不能自拔，耗尽他的精神头，他才更容易主动地调整、切换到另一种状态。

每次出去玩，我都希望子钦尽兴。

在很多时候，我们大人的精力都耗不过孩子，所以不得不想办法让他们自己释放精力。我感觉体力的消耗有助于孩子脑力的休整。

我们家长经常遇到这样的情况，孩子写完作业，就再也不碰作业本了。这就是一种兴趣耗尽的状态。如果他真的喜欢一项任务，那一定是想更深入地研究，而不是尽快地远离。所以，只有对一件事真的感兴趣，才可能有"后续"，就像一个爱画画的孩子会主动地找笔、找纸去画画。因为对他来说，画画是自发去做的、让他乐此不疲的事。他会时刻心心念念地做这件事，而不需要别人来要求。

兴趣作为天赋的外在表现，就像一点闪烁不定的火苗，也可能会在某种情况下熄灭。所以真正奏效的并不是孩子的兴趣本身，而是兴趣所带来的"后续"。抓住这些"后续"，才能让小小的火苗点燃孩子的理想。有理想的人，在适当的引导和规划下，会渐渐习惯于自我教育。这个自我教育并不是主动写作业那么简单，而是一个人拥有的探索未知的原动力。

年幼的孩子对一切都在观望，有趣就会继续，无趣就会离开。而合理的学习时空规划，往往会让孩子感到有趣。

三、注重理想的建立

由于家长支持天赋的发展，孩子的学习出现了"后续的延伸"。抓住这些"后续"，就可以让学习变得更有趣、更有效，从而推动孩子的自我教育。在这种情况下，我们的孩子会面临一个新问题，就是他这样做的目标是什么。这个问题真切地关系到一个人的理想。

在说理想之前，我先说说我对"天才"的认识。为什么先说天才呢？这里面有两个原因：第一个原因是，当孩子的天赋被发现，他常常会被人称为"小天才"，我们家长应该思考以怎样的心态去面对这种情况；第二个原因是天才确实和理想、天赋有关联，这个我在后面会提到。

子钦经常手舞足蹈地聊天文、说物理，这时候周围就有人说他是天才、神童，这令我比较警觉。我觉得不管一个人是不是天才，这都是一件"别人可以这样认为，而他自己不能这样想"的事情。因为自以为是的人，往往容易产生骄傲的情绪，古人说"庸人败于惰，才人败于傲"，骄傲，是天赋的杀手。所以我并不想子钦从小就被贴上"天才"的标签。我由衷地希望他知道自己所擅长的，同时也知道自己的平凡与缺陷。

于是，我把家人召集在一起，告诉大家一定不要称呼子钦"天才"，他不是天才，也不是神童。他还小，不一定有清醒的认识，我们大人有义务营造一个良好的环境，来帮助他端正心态。跟大家交代完毕之后，我还在琢磨：天才是什么呢？子钦是不是天才呢？天才和普通人到底有什么不同呢？

我找了一个只有我们俩的时间问子钦："你是天才吗？"他说："不是。"
我又问他："为什么呢？你的记忆力和理解力都很好的啊！"
他说："我是因为看了很多遍才记住的，而且只是理解了其中的一小部分。"
我又问他："那你和别人一样吗？"他说："不一样。"
我不明白，就问他："为什么呢？"他说："每个人都是不一样的。"

这次是他给了我答案！我们每个人都是普通人，而我们又都有着独特的天赋。每个人在他擅长的领域都可能成为天才，在他不擅长的领域又都是普通人。我们作为家长无法判断孩子是不是天才，但是我们却很有可能看到他们的天赋。天赋没什么了不起的，每个人都有自己独特的天赋，只是不容易被发现。所以大家口中的"天才"，应该是将某种天赋展现出来并得以成全的人。

那么有天赋的孩子，有没有成为天才的可能性呢？有，理论上来讲，每个人都有成为天才的可能性，有天赋的人更是具备了初始的条件。天赋与天才之间相隔了三样东西：第一个是能力；第二个是机遇；而第三个是一个人的理想和信念。当一个人把天赋发展成他的特长，然后按照他的特长选择相关的工作，再把在工作中取得成绩当成他的理想，这样他将特长作为突出的才能、理想作为坚定的信念，一旦有机遇做到极致，他就是天才。

每个人，都是不一样的。

所以当我们家长发现孩子的天赋之后，如果能支持他把自己的天赋变成对事业的追求，帮助他把那种潜意识里的向往转化成理想，孩子就具有了成为天才的可能性。相反，如果我们家长不去支持，那么孩子的天赋就可能令人惋惜地泯灭掉。

在多数情况下，我们的天赋都没有成为我们的理想和事业。比如，一个人在音乐上有天赋，但是他的理想并不是音乐家，那么他在小的时候就不会为了从事音乐相关的工作而为自己做事业上的规划。于是长大后，音乐成了他的一项业余爱好。那么他会因此而感到遗憾吗？假如当初他从事了音乐工作，他创作的作品流传于世，他会不会因此而感到幸福，并且获得更多的机会呢？

我想一定会。能把自己的兴趣爱好变成工作职业的人是幸福的，这样的人更容易把工作做得出色，甚至做到成功与极致。这就是我们要把天赋和理想关联在一起的原因。而对孩子来说，兴趣爱好就是他的天赋的外在表现，工作就是他的理想。

其实，单纯地让一个孩子被周围的人夸奖为"小天才"，一点都不难。而真正发展孩子的天赋，并使他在将来做出成就和贡献，才是最难的。这需要许多的条件，其中一个重要的条件，就是孩子在主观上能把自己的天赋当作理想，并为之奋斗！只有把天赋和理想关联在一起，孩子的理想才能贴近现实，否则就是空谈。

那么理想和空谈有什么不同呢？我们家长又该怎么甄别呢？我举个例子，在我上小学的时候，老师曾经问同学们一个问题："你的理想是什么？"同学们举手发言、群情激昂："我的理想是成为一名光荣的人民教师！""成为最可爱的人民解放军战士！""成为一名伟大的科学家！"……

同学们说什么的都有，可轮到我的时候，我支支吾吾地说："我不知道！"老师有点不高兴，找到了我的家长，质问是怎么教育孩子的。我妈回过头看我的时候，我对我妈说："我真的不知道！"

据我所知，当年同学们大谈的那些理想，长大之后一个都没有实现。面对这样的现实，不知道那位老师会作何感想，会不会认识到现实的理想和喊口号并不一样。真正的理想来自心底的热爱，它不会随着年龄的增长而被时间轻易地抹掉。

我五六岁的时候，心里埋藏着一个向往。如果我的眼睛能看到，我就要去画画或者摄影；如果我的耳朵能听到，我就要去搞音乐；那么如果我的眼睛和耳朵都好使，我最想做的，就是声音和画面相结合的东西。直到长大以后，我才知道那个东西叫作电影。其实我童年的那个向往，就是理想的萌芽。这个萌芽像是一种"被关押的能量"，等待着释放。

很多孩子都拥有这种理想的萌芽，只是他们自己并不知道，所以他们十分需要家长的指引。在一个人的成长路上，往往有着太多的"不知道"！就像我在三十岁之后才搞清楚，"用电影讲故事"就是我的理想，但那时的我已经青春渐远，荒废了太多时光。我从自己的经历里看到，一个自然生长的孩子，有可能在两岁就形成他基本的性格；四岁就可能体现出他的天赋；六岁左右，就可能建立对理想的认识。

孩子十分需要家长的指引，去释放"被关押的能量"。

一两岁是孩子最早的性格养成期，也是孩子和周围人建立熟悉程度和交流方式的时期。家长可以通过多交流，来寻找适合的沟通形式。通过观察孩子的行为、反应等细节，了解他的性格特点，并适当加以矫正。在这个时期，能和孩子玩到一起很重要，这样能帮助家长尽早地了解孩子。孩子三四岁时，家长已经了解了孩子的性格，此时可以尝试去寻找孩子的兴趣点，发现他的天赋。到了五六岁，孩子和家长的沟通已经可以形成一种默契的氛围。在这段时间，家长除了要和孩子玩到一起，还需要聊到一起，甚至可以讨论一些复杂的问题。同时，家长可以巩固孩子那些与天赋有关的兴趣点，开始发展孩子的天赋，并且帮助他们树立理想的信念，至少也要帮助他们了解自己的优点和缺点、优势和劣势。

为此我做了一份表格供大家参考。我们做家长的，只要能帮助孩子做这些，就是在进行一项了不起的教育，就等于是在为社会培养人才，甚至可能是天才。

面对不同年龄的孩子，父母应该如何引导？

	一两岁	四岁左右	六岁左右
这一阶段的目标	养成性格	发现天赋	建立理想的雏形
家长对孩子的关注点	性格	兴趣爱好、天赋	志向
家长的行动	多交流 重点在于了解，通过玩到一起，来找到适合的沟通形式。通过观察细节，了解他的性格特点，并适当加以矫正	多观察 重点在于发现，在之前了解的基础上，细心观察、研究，发掘他的人生兴趣点	多支持 重点在于发展，通过聊到一起，巩固他的兴趣和天赋，帮助他加深信念，从而形成一种理想

注：列举的年龄只是大致的范围，不同孩子早晚各异，但是过程的逻辑关系大体相近。

最幸福的人生，就是天赋、事业、理想关联在一起的人生。

四、不必墨守成规

1. 孩子可以接触高深的学问吗

我再给你讲讲量子纠缠

子钦：我再给你讲讲量子纠缠啊！

我：好啊好啊！

子钦：量子纠缠就是配对过的量子，你不管放在哪颗星球，这个动，另一个也是同时动的。

我：啊！为什么呀？

子钦：好像它给另一个量子发送一个信号，说"我要动"，另一个才会动。但是它俩是同时动的。我告诉你，如果一个放在地球上，另一个放在月球上都没问题。

我：是吗？

子钦：我告诉你，（无论）你放在哪颗星球，这个动，另一个也是同时动的。不管相隔多远，它们俩永远是同时动的。这个放在地球上，另一个放在仙女座星系的那个黑洞上，都没问题。

我：简直太神奇了，是吧？

子钦：量子我知道，纠缠是什么意思？

几岁的孩子，到底能不能接触高深的学问？在聊这个话题之前，我们先看上面这段对话。量子纠缠尚属于人类不能解释的现象，也是科学家正在研究的课题。在拍摄之前我完全没有想到，即使是小朋友，也对这些前沿科学、未解之谜有如此浓厚的兴趣。

我不禁要问：高深的学问，是不是一定要高深的人来研究？高深的人是不是就有高深的学问？我们普通人能不能去接触高深的学问？小孩子接触大学问，有没有可行性与方法论？

或许，我们应该用"平视"的心态来看待高深的学问。相对于地球来说，我们和孩子同样幼稚。也许人类并没有绝对意义上的谁高谁低，彼此的差距并不大。我们成人往往有着很多顾虑，或许只有小朋友，才会对"我们从哪儿来""我们到哪里去"这样的终极问题产生如此浓厚的兴趣，这代表着他们旺盛的求知欲。我们家长要做的事情，就是重视并保护好他们的求知欲。

在子钦五岁的时候,我知道他那段时间在听"妈咪说"老师关于量子力学的讲座。于是有一天吃完晚饭后,我装作随意,又像是在自言自语:"量子力学里面的这个叠加态,到底是什么呢?"

听到我的问题,他打开了话匣子。我没想到他那么认真、细致、详尽地给我解释这个深奥的问题,连忙拿出手机拍了下来。之后,我做了一个《听了"妈咪说"老师的讲座,说说量子力学的叠加态》的视频专辑,视频发布之后,看到一个小孩谈论这么高深的学问,观众绝大多数的留言都是赞赏、鼓励。对于大家的包容,我心存感激!

虽然大家没有说什么,但是在视频发布之前,我曾经认真地问过自己这样的问题:"这么小的年纪,谈论如此高深的学问,合适吗?"结果我说服了自己:"这也没什么不好的!"

子钦在看老师的讲座。对幼小的孩子来说,知识并没有高低之分。

在现代社会，每个人都是"公众人"，都会曝光在日益发达的互联网面前。在这个大环境下，真实地做一个热爱科学的小朋友没什么不对的。另外，假如有小朋友因为子钦的影响而对科学知识产生了兴趣，应该说这还是一件好事。

既然是好事，我们家长就应该支持。可是怎么支持呢？这么难的东西，我们也不懂啊！就在我想该怎么办的时候，我又发现了一个有趣的现象，就是对孩子来说，在还没有因为学习而感到有压力、感到崩溃时，他们面对任何知识都还没有高低、难易的概念。如果他觉得自己明白了，即使是大学的知识，他也不觉得难；相反，他要是搞不懂，即使是幼儿园的课，他也觉得很费劲。遇到高深的学问，我们成年人可能会望而却步，小朋友的心态反而可能是平静的。就像"八加九等于几"的算术题，和爱因斯坦的质能方程，对三岁孩子来说是一样的难度。

孩子愿意接触高深的学问，其根本原因就是兴趣和天赋在相互作用。兴趣产生好奇心，天赋产生探索欲。孩子在好奇心和探索欲的驱使下产生的求知欲望，使他们早已忘记了知识的难易。他们不会管知识来自哪里，只要觉得有趣就会喜欢，只要喜欢就觉得简单，不喜欢就觉得高深。

比如，在子钦看来，解决系鞋带要比解释哈勃红移问题难得多。所谓"初生牛犊不怕虎"，面对复杂的问题，他一点都不怵。只要他觉得自己理解了，就敢自信地面对。正是这个原因，子钦四岁就自然而然地开始了解量子力学。于是，大家就看到了视频中沉浸在粒子世界里的四五岁的子钦，他对这个世界最初的认知，就是从物质最基本的构成开始的。而我仅仅需要小心地保护他的兴致，陪伴在一旁。

作为家长，有时候我们把学问想象得太神圣了。我们在学问面前有点太紧张了，总怕自己理解有误、贻笑大方。其实，科学从来不会标榜自己的正确性，它一直在被人否定和完善，是一门不是真理但是寻找真理的学问。我就是那个在科学知识面前紧张的人，每当子钦说个什么，我都怕他搞错，也怕自己搞错！有一次，网友在留言中告诉我"不要太紧张子钦说得对与错"。这位网友说得太好了，让我如释重负。在孩子学习知识的过程中，和纠结对与错相比，我们更应该关注的是学习本身的快乐。

"对与错，真的那么重要吗？"后来我明白了一个道理，我们再怎么努力，都找不到绝对的真理。人类现在已知的一切，都不一定是正确的。世界给予我们的所有东西，也许只是一个幻觉，或者错觉。但是即使这样，也不妨碍人类对这个世界产生好奇，尤其是孩子，他们的好奇既真实又珍贵。抓住孩子的某一个好奇，就可能将它拓展为他人生的方向。

我举个例子，我五岁的时候十分好奇一件事情，就是大家都说地球是在转动的，那为什么我蹦起来还会落到原地呢？这件事萦绕在我心头，我连睡觉都在琢磨，可就是找不到答案。我去做实验，在火车上蹦起来还是落在原地，但是从马车上落下来，就好像偏离了一些位置。没有人理解我在干什么。我去问我身边的大人，他们都含糊其词，没有给我解释这个问题，于是这件事就不了了之了。

现在回想起来，如果那时候有人告诉我，我提出的是一个物理学问题，去学习牛顿的万有引力定律和爱因斯坦的相对论就可以解释这个问题，那么我想，我一定会去进一步研究，也很可能由此成为一名物理学工作者，而不是一名导演。

所以孩子对高深的学问所产生的好奇，很可能是他寻找人生的终极答案的一个突破点，值得我们家长去珍惜。令人高兴的是，今天的很多家长都懂得这个道理，不会轻易地否定或者泯灭孩子难得的好奇心。

我们一生都在寻找某种真相，每当我们以为自己触及了真相，却发现这只是表象，在它的背后还隐藏着真正的真相。于是我们为了揭开这个表象，去做深一层的探索。如果对真理的求索就是这样没有尽头的，那么认可一个孩子的探索行为，让他养成接触知识的习惯，就已经足够了。

孩子愿意接触某个"高深的学问"，就代表他们有着想要深入理解事物的兴趣。但孩子想在一个领域变得专业，还需要通过更多的学习打下坚实的基础，再寻求真正意义上的突破。

事实上，孩子并不在乎他所学习的知识是否专业。整个世界对他们来说都是全新的，他们都会视如初见。所以当他们遇到量子力学、相对论、微积分这样高深的学问时，一样会产生兴趣。这些知识看似高深，事实上都是在解释世界的秘密、宇宙的规律。费曼说："世界上没有人真正理解量子力学。"也就是说，在某种意义上,小朋友和科学家的起点是一样的,那我们又为什么要阻止他们去了解呢?

所谓的"高深",都是我们定义的。我们成年人似乎喜欢人为地制造"等级",喜欢把很多东西分级。比如,我们把学习阶段分成小学、中学、大学,把教育分成初级教育、中等教育、高等教育。人们制定这样的规则,一定有他们的理由。但是从另一个角度来讲,教育有着千人千面的独特属性,所以教育没有办法千人一面,只能根据每个孩子的不同情况来因材施教。

有一句话似乎给这个"千人千面"的问题提供了一个解决方案,这句话说的是:"好的教育是用五十种方法教一个学生,而差的教育是用一种方法教五十个学生。"这句话似乎很有道理,但这是一句在现实中没有办法落实的话。这就更需要我们家长有一个清醒的认识。如果孩子面临的是千人一面的教育,那我们还能支持孩子学点什么,来让他变得独特呢?可否根据他的兴趣和天赋,让他接触更广泛、更高深的学问呢?

所以我觉得,即使是小学生,也有权利学习自己喜欢的专业,也有资格学习大学的知识。"先会走,才能跑"的思想没有错,但并不是一成不变的真理。麻雀从来不会一步一步地走路,但是它会飞。不过,孩子接触高深的学问有一个前提,就是孩子感兴趣。一旦处在感兴趣的状态下,高深的学问更容易挑战孩子的智力上限,从而开启孩子的智慧之门。兴趣是孩子放飞自我的翅膀。

如果知识像海洋一样广阔，那么孩子无论学习什么，都是向这片海洋投下一粒石子。激起的小小浪花，就是这片海洋反馈给孩子的礼物。

2. 接触高深学问的方式与收获

当看到孩子愿意去接触高深的学问，我们应该怎样面对、怎样引导呢？首先，我们千万不要觉得他们"不务正业"，不要去打击他们。尽量不要对他们说"别学这些，没用""你太小，长大了再接触"这样的话。孩子主动接触高深的学问，很可能代表孩子在这方面有天赋。孩子的学习热情转瞬即逝，抓住那个瞬间，就是我们成全孩子天赋的关键。另外，我们也不必过于渲染孩子的聪明，就像不要打扰一只正在抓老鼠的猫，你夸这只猫很棒，或者奖励它一盒猫罐头，都可能使这只猫不再去抓老鼠。

所以孩子接触高深的学问时，家长怎么帮忙并不重要，家长不要"帮倒忙"却很重要。这时候家长的作用，是不要起反作用。另外，孩子学习高深学问本身并不重要，但是由于接触了高深学问而衍生出来的新东西却很重要。让我们来看看孩子主动接触高深的学问，可以衍生出来什么东西吧。

（1）"从高到低"的学习方式

怎么理解呢？以子钦为例，本来"从低到高"是孩子们普遍的学习方式，可是出于兴趣的原因，子钦先接触了一些高年级的科学知识，而他上学还是要从低年级开始。这就出现了一个有趣的现象，在他的学习中，竟然有些东西是"从高到低"学起的。比如，他五岁知道了热力学第一定律，六岁的时候，他用科学小实验的工具做了一个牛顿摆，做完之后，他一边玩一边大声惊呼："哇！真的是这样的，能量不会凭空消失，只会从一种形式转化成另一种形式！"他在用之前的理论验证当下的实验。

这种学习多了一个乐趣，仿佛他是同时从学问的高、低两个极端向着中间的方向学习的，每一次的会合都引起他的惊呼，学习的过程变成了他去验证自己知道的答案是否正确的过程。其实，这种"从高到低"和"从低到高"相结合的学习方式并不稀奇，当我们家长跳出来看，就会发现很多孩子都在不知不觉中采用了这样的学习方式。这就是我在前文提到的"把知识和现实生活结合起来"的学习方式。

（2）研究精神

为了了解世界，物理学提出了"世界的构成"的问题，于是人们通过数学、哲学来解释。"学问"，无非是在这个过程中"边学边问"。在我们小的时候，没有人告诉我们这些道理，如果我那时候就知道，一定会是个热爱学习的孩子。

所以今天，我们可以早一点告诉孩子学习的本质是什么，鼓励他们从接触知识，到知道知识和现实生活的关系，再到触类旁通，领悟知识在相关领域的应用。然后再进行深一层的接触，对知识本身进行思考和研究，甚至可以质疑和反思知识本身的正确性。如此循环，形成一种习惯，未来孩子才会成为一名真正意义上的"研究生"。

今天有很多孩子为了考研而去参加辅导班，可是事实上，我们培养了许多缺失了研究精神的研究生。他们没有在一个领域研究和探索过，却被冠以"研究生"的称谓，这是不是一种荒唐呢！其实，并不是孩子们不喜欢研究，而是我们的教育让孩子缺少研究的意识和习惯。而如果我们家长有这种意识，是可以很大限度地避免这种荒唐现象出现的。尤其是十岁以下的孩子，他们很容易培养这种意识和习惯。无论面对多么高深的学问，一旦他们产生了好奇，就可以找到"缺口"来帮助他们入门，然后很容易一路研究下去。

无论是对于成年人还是对于孩子，往往是因为不理解知识在现实中的应用及其背后的原理及规律，知识才变得特别"难"，学习才不能"入门"。此时很容易自信心受挫，很容易产生对学习的抗拒。那么怎样"入门"呢？接触相关知识在生活场景里的应用，让孩子了解知识与他生活的关联，理解知识背后的道理，都可以帮助孩子产生兴趣，从而"入门"。到那时，学习的关键就不再是"难不难"，而是有没有深究下去的欲望。一旦有了深入研究的学习欲，学习就变得更加有趣了。

（3）从"碎片"到"知识面"

伴随着和子钦一起学习这个过程，我有一个感受：学问是相通的。似乎随便一个问题，都是一个知识的入口，一个由数理化、文史哲组成的"学问大厦"的入口。进去之后你会发现，里面所有的知识都相互关联。如果你是一个爱学习的人，可以以大厦里的任何一个位置作为起点，来参观整座大厦。你可以"顺藤摸瓜"地畅游大厦的所有角落。

如果进入这座大厦的人是一个小朋友，那么他的起点和学习过程就和成年人不一样，"碎片式学习"成为他首选的方式。他知道的碎片越来越多，就形成了一个知识面，甚至可以在将来，渐渐地形成一个知识的体系。在"碎片式学习"的初期，你不能苛求孩子遵循成人的顺序学，比如他必须先认足够的字才能读书，必须先掌握许多的公式才能计算，而是需要观察孩子是不是理解一个公式背后的道理或者意义。他感觉自己懂了，就会继续参观这座"学问大厦"。在参观的过程中，很多时候都不是我们领着他，而是他领着我们，以他的视角来参观这座大厦。

孩子接触高深的学问，往往不是按部就班的，而是碎片式学习。

以子钦为例，出于爱好，他自发地接触了本来遥不可及的学问，先是接触了量子力学，然后是相对论，上小学一年级的时候，他开始了解微积分。他还不能做公式的推导，但这并不妨碍他在"学问大厦"里四处游玩。

我给大家举个例子，让大家看看六岁的子钦是怎样接触微积分的。在子钦五岁的时候，他了解了"闵氏时空"，理解了宇宙是由三维空间加上一维时间构成的，于是对四维时空有了他自己的认识。当时他就产生了一个疑问：既然时间可以作为时空的一个维度，就说明这个宇宙可以是连续的，也可以分割成一个个定格的瞬间。这不就与学习量子力学时了解到的"光既是连续的，也是一份一份的"这一理论很相似吗？

于是我帮子钦去找资料，果然发现真的有一个概念叫普朗克时间，普朗克时间就是那个最小的瞬间。直到他六岁的一天，他在《遇见数学》的专辑中偶然看到了关于微积分的讲座。里面也在讲这个最小瞬间里物体的位移。我们俩就一起研究，这不就是在讲普朗克时间里空间的变化吗？这难道就是微积分的原理吗？我俩好像发现了新大陆，赶紧查资料，结果发现真是这么回事。

于是在那一刻，我和他都理解了微积分。微分，就是在微观的普朗克时间里物体的小小位移；而积分，就是让众多的位移连续起来，这才有了我们生活的动起来的世界。他把这个理解用坐标画出来，十分直观。

虽然我们并不知道这样理解对不对，也没有专业老师指导，但是我们很喜欢这个研究的过程。这个发现让我们俩高兴得一起蹦了起来，当时的我，比他更像个孩子。

通过这个例子，我们可以看出孩子学习高深学问的过程，一般是没有办法提前设计的。但如果家长的启发能做到顺其自然，那么孩子就会像进入了游乐场，想去哪里玩就去哪里玩。他们的好奇心会引发出来各种各样的问题，然后他们会在寻找答案的过程中去不断地学习新的知识。

而我们通常的做法，是要求孩子先去背公式，去计算、求解、刷题。虽然基于孩子良好的记忆力和理解力，是可以这样要求的，但是我们往往忘记了保护他的兴趣，从而使他对学问的研究渐渐失去了兴趣。孩子在失去兴趣的前提下接触高深的学问，就是我们常说的揠苗助长。

揠苗助长和按部就班都是我作为一名家长所反对的方式。最好的方式，是根据孩子的接受能力，来单独制定学习的内容。

四维时空

子钦：我就这样（定住不动）。

我：这是几维的啊？

子钦：三维。

我：啊，如果是四维的呢？

（子钦动起来）我：啊，这就是四维啦？

子钦：嗯。

我：你认为我们看到的不是三维的吗？

子钦：不是，是四维的。我认为的和其他人不一样，我就是认为是四维的。要不然你就（定住不动）停了，但这还只是个模拟。如果是真的三维，就是所有的分子、原子全都不动了，DNA也不转了。

我：DNA也不转啦！

子钦：嗯！假如说现在的时间是9点15分，我们把它叫作t，（坐标轴）就是x、y、z、t，这不就是四维时空了吗？这个其实不对，你知道为什么吗？因为9点15分这个时间，它是个绝对时间的概念，绝对时间不能作为维度啊！数学上是可以的，数学上，只要是个独立的参数就都可以作为维度，你可以在2D平面上标出温度啊、湿度啊、人口密度啊……

我：你说的第四维是什么？

子钦：第四维就是时间（相对时间）。

我：为什么第四维是时间？如果没有第四维，我们将怎么样？

子钦：就是，你看（定住不动）。就是你身体里的所有分子、原子都停止了，所有器官都停止了，什么都不动，所有分子、原子全都不动。

我：全都静止不动了，那才是……

子钦：第三维，三维立体。

我：哦，二维呢？

子钦：二维平面。

我：一维呢？

子钦：一条线。还有一个维，零维！零维就是一个点。

这是子钦五岁时了解了"闵氏时空"之后，我们进行的对话。四维时空理论最早是由爱因斯坦的数学老师闵可夫斯基表述的。像他们这些伟大的学者，往往是先有了发现，然后再去调用现有的公式或者发明新的公式，来证明他们的发现。我们作为家长，完全可以在孩子很小的时候，就鼓励他们在接触学问的过程中多多发现。

比如，在研究完四维时空与微积分的关系之后，我们俩开始探讨，把二维中的斜率放置在三维空间里，就形成了曲率。那么这个曲率的算法会不会和黎曼几何有关系呢？是不是就可以计算广义相对论中说的"物质告诉时空如何弯曲"的曲率呢？

还有，有质量的物体只能无限接近光速，却达不到光速；温度只能无限接近绝对零度，却达不到绝对零度；时间只能无限接近静止，却不能达到静止。那么有趣的问题来了：光速、时间、绝对零度，这三者之间是什么关系呢？是不是在一个神秘法则下的三个量呢？这个神秘的法则又是什么呢？

喜欢量子力学的子钦。

这些深奥的问题靠我们俩是搞不懂的。我们俩的数学差不多都是小学水平。我又是个"理科盲",现在能说出这些物理词汇,还都是受子钦的影响。但这又有什么关系呢?有太多的问题在这个世界上还没有答案,或许人类永远都找不到答案。养成思考的习惯并且感到快乐,才是我们的初衷。

和孩子在一起的那些时光，成了父母的人生里最好的回忆。

第5章
发展孩子的天赋，需要爱的智慧

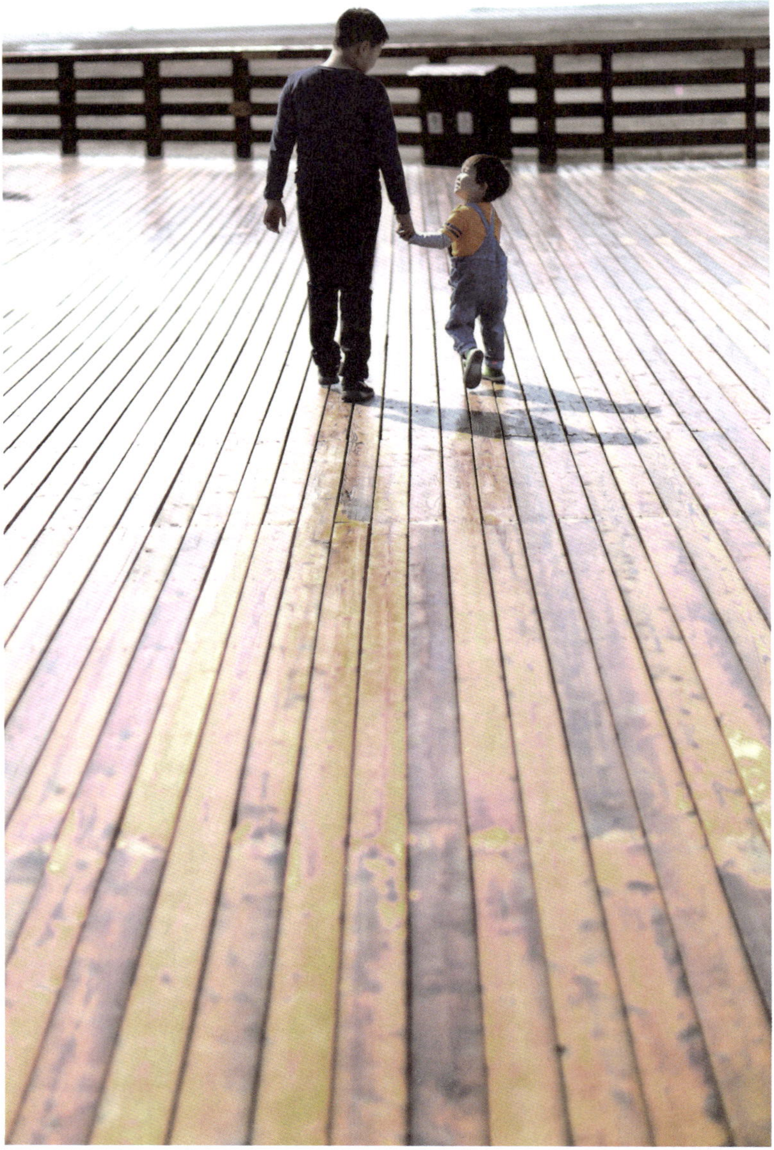

一、每个父亲都需要一个定位

子钦三岁多的一天,我提了一个本以为他听不懂的问题,他的回答却让我刮目相看。当时我很正式地问他:"子钦,你会慢慢长大,会经历很多的事情。如果将来有一天,你感到这个世界上有很多很多的痛苦,你会不会责怪爸爸妈妈把你生在这个世界上呢?"

他思考了一下对我说:"不会的。"

我问他为什么,他说:"因为我太爱你们了。"

这次对话,我一辈子都不会忘。在我还年轻的时候,我曾经设想自己一辈子不要孩子。不是因为我不爱小孩,是因为我觉得自己没有权力轻易地创造一个生命,而这个生命会去面临生、老、病、死等人生八苦。没想到是我的孩子帮我解开了这个心结。

也许是因为二胎的到来,也许是因为培养孩子面临的困惑,我在子钦上幼儿园期间感受到了作为一名家长的焦虑。我们家长努力的方向应该是什么呢?如果我身处一个有钱就会被奉为成功人士,一个崇尚偷奸耍滑、唯利是图的环境,那么我又该如何去培养孩子善良、正直的品质？倘若我自己都感到迷茫，那么我又该如何去帮助我的孩子确定他人生的坐标呢？

在那段时间，我明显地感到自己需要找到一个答案，就是到底是让孩子精于利己、善于投机，还是让他去诚实劳动、坦率做人。作为一名家长，我的前方一片雾茫茫，只能摸索下一步的路。"父亲"到底是什么？"父亲"的使命到底是什么？我需要找到自己的定位。

每个父亲，都需要一个角色的定位。没有定位，我们会更加焦虑和迷茫。这个定位是由父母和孩子双方的性格、习惯、认知，以及家庭环境决定的。而且角色的定位不是一成不变的，它会根据双方的成长而调整，调整的标准就是怎样才"适合孩子健康成长"。

以我为例，以前我觉得父亲就是父亲。我是他爹，这天经地义！可是父亲的具体行为该怎么界定呢？是否要参照一种感情来和孩子相处？比如，要像朋友一样，像"哥们儿"一样？或者我要像某个成功的父亲那样……我去寻找参照的样本，可惜我并没有找到。每个家庭、每个孩子都不一样，所以每个父亲都只能自己摸索！

首先，我不是他的主人，不能对他颐指气使。他不是我的私人物品，他有独立的精神内核，既然生下他，我就要学会爱他。其次，我也不是他的仆人，他不欠我的，我也不欠他的。无论是精神还是肉体，我们都是平等的。

我曾听过一个著名的教育方法是要"仰视"孩子，这对我来说是做不到的。我还听人说，父母二人需要一个唱红脸、一个唱白脸。他们说孩子必须怕其中一个人，家长才能教育好孩子。我也没有营造这样的家庭氛围，我觉得孩子可以敬重父母，但是没必要怕父母，不应该因为父母而在生活中感到恐惧。

那么我是他的榜样吗？带他外出时，我发现他的注意力经常在我的身上，尤其是有些事需要我来处理的时候，他会全神贯注地看向我。曾经有一次亲戚聚会，我们说起一件伤心的往事，我情绪上有点激动，没想到他突然过来打断了我。他抓着我的胳膊关心地问："爸爸，你怎么了？"我赶紧收敛情绪，告诉他不要担心，爸爸没事。他将信将疑地走开了。在他走开的同时，我想，是不是我的每一个言行都对他有影响，是不是每个孩子都会从心底默认父亲就是榜样。

有人说："榜样的力量是无穷的。"可是卢梭又说世界上没有榜样，他说："你不可能成功地教会学生任何东西。"那到底谁说得对呢？事实上，我们家长没有那么多精力研究教育理论，一旦陷进去，就会发现我们做什么都是错的。不管谁说得对，只有适合自身的才是最好的。就我而言，我做不到在所有时刻都是孩子的榜样，因为那样我会特别累，每天都得紧绷着，怕出错，我做不到那样谨小慎微地活着。所以我在他面前没有刻意地隐藏缺点，也不阻碍他知道自己有一个不完美的父亲。

我想这没什么丢人的。难道你希望你的孩子像你一样吗？或者你希望像你的父亲一样吗？我不希望，我希望我比我父亲期望的更好，我希望我的孩子能比我更棒！所以我会教给他我所知道的一切，但是也要让他知道我的不足，让他知道未来还会有比他父亲更棒的人来影响他。

还有"朋友"！我常听到有人倡导"和你的孩子做朋友"，这是一个好的选择吗？我想来想去还是做不到。朋友之间可以相互嘲讽，可以一起放纵，可以好多年不见还彼此信任。而我希望和孩子天天见面，我们可以像朋友一样相互信任、平等交流，但是我们之间不是朋友的那种感情。和朋友相比，我更希望我是他的伙伴，在生活中经常在一起的伙伴！

左边是我小时候的照片，这是我十岁以前仅存的几张照片之一。和子钦小时候的照片放在一起，感觉他们像是穿越时空的伙伴。
过去的年代没有条件拍照，所以现在我给子钦拍了大量的视频和照片，希望他将来可以看到自己的童年，看到自己慢慢长大的过程。

孩子是整个家庭关系的"中枢"。在多数人的思想中，有了孩子，家才是完整的家。我没有选择在子钦面前做一个威严、隐忍的父亲，也没有做一个拒人千里的人。在大多数时候，我就是他的伙伴。我希望自己在他的心目中是个有尊严更有爱的人，是个有血有肉、利乐有情的，值得他敬爱的人。

我希望他知道我的缺点，也知道我的优点。希望在我关心他的同时，他也关心着我。我想对他说："请你原谅！爸爸不是一个完美的人。在身体上爸爸已经长大，可是在心理上，爸爸也不一定成熟，但是爸爸可以陪伴你一起成长。我们的区别就在于，爸爸会慢慢地变老，而你还有着大好的时光。"

做这样的父亲，我感到真实、松弛，同时我也有了更多的机会去了解他、理解他。我不敢有"小孩子无所谓"的想法，既然我要发现他的天赋，那我就必须承认他会在某一点上超过我。正是源于此，我才会重视和体会他日常的、细节上的变化。我想如果我不重视他的感受，那么他一定也有被忽视的感觉。慢慢地，他就懒得对我说出心里话，他会觉得"反正说了也没有用"。如果是那样，我就越来越不可能发现和发展他的天赋，在他的成长中，我就更加难以帮助他成为一名有爱心、有技能的人。

二、我选择成为第三种父亲

我第一次真切地感受到父亲的爱，是在我十八岁那年的冬天。我在哈尔滨透笼市场卖元宵，零下三十多摄氏度的低温，使得我的眉毛、胡子上都结了霜。那天我父亲来到这座城市办事，他知道我在市场卖货，就过来看看我。

父爱是什么？童年时的我并不懂得。终有一天，我从一个小孩变成了父亲，才去体会父亲的爱，此时我的孩子已经开始拥抱他的童年，而我的父亲也成了爷爷。

当他在市场找到我的时候，我没认出他，他也差点没认出我。卖过货的人都知道，但凡有个人靠近摊位，伙计不看是谁就开始吆喝了。我就说："师傅你来看看，我们家的元宵馅大皮薄，两块钱一斤……"说着我觉得这个人不对劲，他一直在注视我，于是定睛一看，原来是我爸。我旁边的伙计还在尽力推销，说："师傅你别犹豫了，我家的元宵好吃又不贵。"我上去就杵他一拳，说："什么师傅师傅的，那是我爸！"

当我再回头看我爸时，他的眼睛似乎红了。他没说话，转身走开，去找了我的老板。我听人说他和老板吵了一架，他说："我儿子可不是给你打工的。"第二天清晨，他带着我上了回家的火车。我看着父亲挤在人群里的背影，心想，他一定很爱我，只是有时候不太会表达。

后来在我四十多岁的一天晚上，我和父亲小酌了几杯，我突然想到了一个问题，我说："爸，您觉得自己是个好父亲吗？"我的父亲沉静了一下，说了两个字："不是！"

不知道为什么，这两个字竟然会有那么大的冲击力。我心中忽然涌起一片酸楚，泪水随时都要涌出来。我赶紧换了个话题。我长大了，父亲也老了，我想他也在总结养育我时的遗憾与不足，只是没有告诉过我，就像现在的我也没有告诉我的娃！

人啊，往往不是因为有了感情才去付出，而是因为付出才有了感情！每一种深切的感情，都是用付出累积出来的。传统的父爱像山一样深沉又厚重。而如今发达的互联网改变了人们的交流习惯，也改变了相互关爱的方式。世界似乎变小了，距离遥远的人好像就在身边。亲人之间的爱不再那么隐忍，新时代的孩子更适应开放式的表达。家长和孩子之间的双向的、开放式的表达，能更早地换来孩子的反馈，这有助于他们更早地理解父母，更早地关爱家人。我们家长费尽心思，最应该教给孩子的就是爱，学会爱家人，就是一个孩子爱生活、爱世界的起点。

子钦五岁时，我想带子钦去外地旅游，我问他："爸爸准备去成都，想带你去，你愿意和我一起去吗？"他回答说："可以。"我以为我们的对话结束了，没想到他接着又说，"只要是和你在一起，无论去哪里，我都会同意的。"

我能听懂他的回答，他想告诉我他对我的信赖，而这份信赖来自他对我的爱。在我们觉得自己深爱着孩子的同时，我们的孩子也深爱着我们。但是，尽管孩子知道自己有多么爱父母，却不一定知道父母有多爱他们。只有长大了，他们才会真正理解父母的心。所以我们没有像父母爱我们一样去爱父母，却像我们的父母一样爱着自己的孩子！

我选择的爱孩子的方式，是不去逼迫他承受过多的压力。比如，我没有要求他认字、学英语、学数学。在我看来，有些"超前"的教育就是"超花钱"的教育，对孩子的成长并不是必需的。尤其是在发现了子钦爱好科学之后，我也开始学习他喜欢的东西。正因为这样，我和他在一起的时候多了许多的话题。但是因为我的学习能力不如他，所以耗时特别多。每天在路上、在睡前，但凡能挤出来时间，我都戴着耳机听物理讲座，有了心得就高兴地找他交流看法。有时候是他启发我，有时候是我启发他。

我要求自己不要错过他的每一个问题，不要放过任何一个让孩子因为获得知识而感到快乐的机会，因为这种快乐非常有利于养成孩子爱学习的习惯。另外，一个人在弱小的时候，因为知识而获得的看似不经意的指导，可能对他的成长产生难以估量的影响。

我还记得小学的时候，我曾经问老师："孔子真的能做到'以德报怨'吗？"那时我被同学欺负，想反抗，但是我受到的教育是对人善良,我想不通应该如何去"以德报怨"。我渴望找到一个理由,好让我不那么憋屈。很遗憾,老师没有给我答案。在后来的很多年里,我都习惯了默默承受委屈,我想自己应该是个脆弱、悲观的人。直到我长大了才知道,"以德报怨"的后面还有一句话——子曰:"何以报德?以直报怨,以德报德。"

如果早知道这句话,那个小学的我,一定会变得坚定和勇敢!再到后来,我明白的知识多了,人生的坐标变得坚实,才发现自己原来是个乐观的人,而那时我已经人近中年。我想这就是教育对一个人的影响之重要、影响之深远吧!

我曾经听父亲讲过一个关于曹操的故事。在曹操小的时候,他的父亲召他过来抱抱他,曹操高兴地跑过来,他的父亲却一下子躲开了。曹操摔在地上,后来他不再相信别人,成为多疑的人。

曹操的父亲人为地制造"摔跟头",以预防曹操以后"摔跟头",我想,这也是一种父爱。在有了孩子后,我曾问过自己,要不要学习曹操的父亲。我有两个选择:一个是让孩子在"象牙塔"里成长,告诉他世界的美好;另一个是残酷的,让孩子了解世间的苦难、丑陋与邪恶。

我选择了第三种,尊重事实,顺其自然。人世间就是有好也有坏,孩子早晚要懂得这个道理并接受这个现实。至于是不是善良以对，那是他自己的事情。我所要做的，就是让他能够感受到身边的亲人爱着他，让他知道这世上有可以信赖的人。当他看到人类战争或者动物世界里残酷的画面，我也没有刻意阻止他。尽管我希望他对一切都怀有温情，但他早晚会知道，这世界还有着残酷的一面。

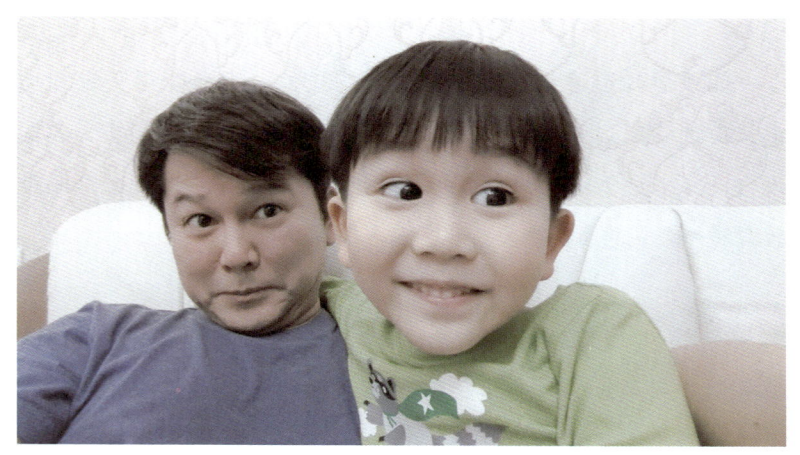

我想，孩子最需要的父亲，是既能玩到一起又能聊到一起的父亲。

三、一个父亲的成长与改变

如今，在很多朋友的眼中，我是一个称职的父亲。但是真实的情况是怎样的呢？大家并不知道，在最初的时候，我并不是现在的样子。"父亲"这个角色，谁能够一上来就胜任呢？我想世界上只有努力的父亲，并没有天生的好父亲。

世界上没有完美的家长，也没有完美的孩子。他们是第一次做孩子，我们也是第一次做父母，双方都在摸着石头过河，去面对每一天的新情况。在我们影响和改变孩子的同时，孩子也在影响和改变着我们。那些所谓的好父亲，一定经历过无数次的学习和反思。

2008年，我拍过一部儿童题材的电影，名字叫《哥哥，谁带你回家》。在导演阐述中我曾这样写道："关心可爱的孩子不叫爱心，关心不可爱的孩子才叫爱心。人在一起，心不在一起，是分离；心在一起，纵然人不能在一起，也是团聚。"

如果翻看这些过去，大家似乎觉得我是一个关心儿童的人，这样的人有了孩子，应该是一位好父亲。而事实却不然。尽管我曾经有过很多关于教育的思考，但当我真的有了自己的孩子，却经常缺席，不怎么回家。我在干吗？可能在加班，可能在喝酒，可能在外地，总之没在家。人就是这样，在臆想的时候常常是理论的"巨人"，而回到现实里面，却往往成了行动的"矮子"。这就有点像学习游泳，我们之前再多地思考和预演，等到真正下水的时候都会手忙脚乱、一塌糊涂。

　　第一次见到子钦,是在我有生以来第一次进产房的那一刻。我看到他小小的身体被棉布包裹着,歪着头,用睁不大的眼睛远远地看着我,就好像在看一个走进了他房间的陌生人,安静、无声。那一瞬间,时间似乎凝固了一下,我有一种被观察、审视的感觉。这个小生命虽然不大,但对我精神上造成的冲击一点都不小。他和我见过的一切都不一样,透过他观察我的那种感觉,我真切地体会到一个生命降临到了这个世间。他有躯体、会活动,他有情感、会思想,他一定还有很多,是我不知道的。

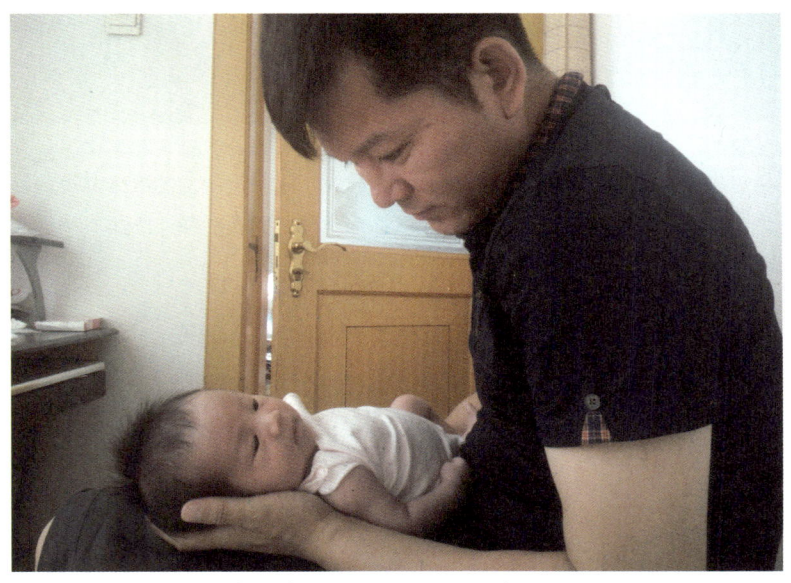

子钦出生的第一周。我是第一次做父亲,他是第一次做儿子。

第一次见到子钦，他给我的是一种无法描述的感受。他一周岁就会说话了，是周围孩子里最早的，而且一说就是整句的话。一岁多的时候，他妈妈问他："你知道你出生之前在哪里吗？"他说他一直在天上寻找，看看让谁来做他的爸妈，直到看到了我们。后来我和几位家长交流，他们和孩子也有过同样的对话，我当时想，也许真的是孩子选择了我们，也许孩子真的是天使。

刚做父亲的人大多有这样的感受，除了一个婴儿基本的需求，我们不知道他还需要我们做什么。名义上我和孩子是父子，但一下子却体会不到那种父子之情。当孩子不停地哭闹，我不知道他是怎么了，只有孩子妈妈知道孩子可能是尿了、困了，或是饿了。孩子越是需要我们的帮助，就越是哭闹，而我这个做爸爸的只会越来越着急、越来越想发脾气。可以说在子钦一岁的时候，我不了解他，更不理解他。我甚至不知道这个孩子到底哪里需要我！

直到子钦一岁零十个月时，他妈妈要出差三个月，照顾子钦的事只能落在我头上。这三个月真正地转变了我，让我知道了做父亲的感觉。也是从那时起，我才真正地花心思去了解这个来到我生命中做我孩子的人。最初，我很担心他见不到朝夕相伴的妈妈，一下子能否适应，没承想他只是问过几次"妈妈在哪儿"，然后就适应了。于是我判断他可能是个随遇而安的孩子，能够接受生活里的大多数变化。然而让我没想到的是，三个月之后，在他见到妈妈回来的那个晚上,他紧紧地搂着他妈妈的脖子,一直在哭泣。

那天晚上,我看着埋在他妈妈怀中不停抖动的弱小背影,我才知道在他妈妈离开的日子里,他从来没有告诉过我他的委屈、害怕、思念!他妈妈一直在向他保证,以后再也不会离开他。而我在想:我真的了解他吗?

直到几年之后,在子钦已经五岁时的一个中午,他用漂亮的大眼睛看着饭桌,忽然开口问我这样的问题:"爸爸,你了解我吗?"我说:"你觉得爸爸了解你吗?"他回答:"了解。"

子钦一岁零十个月,妈妈出差了,家里只剩下我们两个人。后来子钦的姑姑来帮忙照顾。从那时开始,我才慢慢地了解子钦。

孩子就是这样神奇,可以改变一个不回家的男人。看着他一点点长大,让我觉得和他在一起的每一天都是那么有意义。这个改变的好处真是太多了。完全是因为陪伴,我才看到了子钦的天赋。父亲陪伴孩子,可以增进父子的情感,建立孩子完整的人格,还可以令家庭和睦。这对一个男人的心灵、精神状态,都将是一种很好的慰藉。真所谓"家和万事兴"!

我:火星上有没有生命?

子钦:没发现呢。

我:有个"火星男孩",你知道吗?

子钦:那我不知道。

我:他说他来自火星,你觉得他说的是真话吗?

子钦:我觉得不是。

我:为什么呢?

子钦:我就觉得他是开玩笑的。

这是子钦四岁时我俩的一段对话,现在回想起来,他就是从那时候开始对科学知识产生极大兴趣的。当时我随意问他:"火星上有没有生命?"他既没回答"有",也没说"没有",而是说"没发现呢"。我忽然觉得这样的回答十分严谨,就接着问他一个我觉得更难的问题:"有个'火星男孩',你知道吗?"他诚实地告诉我他不知道。于是我问他一个需要动用想象力和判断力的问题:"火星男孩说他来自火星,这是不是真话?"

其实我是在故意为难他,因为我知道这是一个无论放在哪里都很难回答的问题。而他给我的答案却很简单："我觉得不是！"他既表明了观点，又强调了"我觉得"。他的语气似乎是在告诉我，别人怎么想的他不管，这只是他个人的看法。我紧接着再次为难他，问他："为什么呢？"我要试探他思维的深度。他的回答是"我就觉得他是开玩笑的"。虽然他不相信"火星男孩"的话，但他并没有说"火星男孩"是"骗人的"，而是说"开玩笑的"。我想来想去，这似乎是最合适的、善意的回答！

接下来，他越来越多地向我传递他热爱科学知识的信号。直到一年之后，他对我说了那段话："我认为，把量子计算、可控核聚变、碳纳米管这三样东西'啪'地合在一起，就能做出来真的变形金刚。"我查阅了所有的能够查到的资料，也没有看到类似的说法。他一定是在不同老师的讲解中，了解过"量子计算""核聚变""碳纳米管"这些东西，对这些东西的应用方向有了一个判断，才会这样认为。可是他是怎么想到把这些东西"啪"地合在一起的呢？这些东西每一样单拿出来都是现代科学的前沿课题，他竟然要"合在一起"，对于一个五岁的孩子来说，这到底是信口雌黄还是童言无忌？我开始重新认识这个孩子。

那天说完变形金刚，他还问了我一个问题，他说："爸爸，光子是量子吗？"

我没有回答，我没有办法回答！像我这种学历不高、学习不好的人，第一不知道什么是光子，第二不知道什么是量子。

那天，我看着他歪着脑袋瓜，用天真的眼睛认真地看着我，静静地等待我的解答，我的思绪此起彼伏，心里一阵难过。作为家长，我后悔自己当初没有好好学习，以致到今天不能解答孩子的问题。

你会不会后悔没有好好学习，
到今天不能帮助自己的孩子

子钦：有一个大统一理论统一了电磁力、强力和弱力，但是引力始终没有统一。

我：引力还是个谜，是吗？

子钦：发现了引力（波），但是已知对应的粒子迟迟没有发现。就是引力子迟迟没有发现，而且标准模型中也不包括引力子。

我：什么是标准模型？

子钦：粒子的标准模型，不包括引力子。粒子的标准模型最后一个，是希格斯玻色子。

我：希格斯玻色子又是个啥？这是个啥？

子钦：为啥说现在的标准模型有六十一种，这还差一种啊，是引力子吗？标准模型是不包括引力子的，最后一种就是号称"上帝粒子"的希格斯玻色子。

我：啊，它叫"上帝粒子"，为什么叫"上帝粒子"？

子钦：你说这个为什么要叫"上帝粒子"对吧？

我：对呀，为什么呢？

子钦：是莱德曼写的，因为这东西太难找了，本来想叫"该死的粒子"（Goddamn particle），结果出版商不让出版，于是就叫"上帝粒子"（God particle）。

我：就是这个粒子呀，它是？

子钦：我这个英文（不好），粒子的英文你会吧？

我：我不会，爸爸不会……

那段时间，我多次遇到这样的情况，于是我去找资料想帮他解释。可一找资料情况更糟糕了，我陷入一个知识的旋涡里出不来了。他说的东西涉及电磁学、量子力学等。我看到一堆的名词，每一个都不知道是什么，就算让我照着念都没办法解释清楚。本来在他心目中，我应该是能帮助他解答问题的人，可现在糗大了。不知道家长们能否理解我的那种感受，当一个父亲看着孩子苦思冥想的样子，真希望自己有能力帮到他。

我应该怎样对待这个"问题男孩"？我梳理纷乱的思绪，开始真正地重视他的问题。这种重视和以前不同，以前我在不知道他说的角动量、基本粒子表、测地线是什么东西的情况下，仅仅是支持他去学习，但是以后我自己也要学。是我的孩子，又一次改变了我。

我知道，像我这种连根号都搞不懂的人，再怎么学也学不会黎曼几何、张量分析、洛伦兹变换这种东西，但是我还是要学，为了孩子去学。孩子是家长的责任，不是家长的负担，而我作为家长,更不能成为孩子的负担。"打铁还需自身硬",我至少要知道他接触的那些物理名词,并且能做出一点点相关的解释。

那时的我特别紧张。有些事知道自己做不好,但还是要去做。我想用我的能力去帮助他,希望自己能回答他的问题,现在想来,这都是我的一厢情愿。实际情况是,如果他愿意学习,那么我的学习能力并不如他,我学不过他;如果他不愿意学习,我的努力更是白费。

不过,接下来令我大感意外的事发生了!我不学不要紧,一学才知道,原来物理学这么有趣,我们生活中处处都和科学息息相关。是子钦的带动,让我这个父亲也喜欢上了科学。我惊讶地发现,子钦提出的问题我答不上来,并不完全是因为那个问题有多么高深,而是我们这一代人的物理知识太贫乏了。科学家们在一百年前就已经发现和应用到社会各个领域里面的知识,我们到今天知道的却是那么少!

比如,光的波长就是光像波浪一样传播时,波峰与波峰之间、波谷与波谷之间的距离。这并不难理解,尤其是画出图的时候很直观。翻开我们的教科书,大量的物理、化学知识可能看起来晦涩难懂,但解释起来却简单又明白。科学的态度不是标榜自己的正确性,科学从来都不等于真理,科学是思想与实践,而科学的精神是敢于否定和质疑一切常识。

因为孩子,我喜欢上了数理化。那期间我意识到一个问题,就是孩子对我的影响在很多方面都超过了我对他的影响。如果从孩子的视角来看,是他需要家长,但从一名父亲的角度来讲,我也同样需要他。于是我去找他交流，我说："你知道吗？和你一起学习了一段时间，爸爸突然发现，爸爸才是那个真正热爱科学的人。可惜爸爸没有你这么好的条件，如果爸爸小时候有条件，今天一定是个很厉害的科学家！"

他看着我，似笑非笑，问我："你真的能成为科学家吗？"我仔细想了一下说："可以，但是得有个条件。"他问什么条件，我说："我还需要一个像我这样的爸爸。"他顽皮地看看我，慢条斯理地说了一句："这有点难哦！"

这小子的回答坏坏的，但不知为什么让我的心里还挺美的。不知道再过几年，我还能不能"对付"得了他。"对付"孩子不是我们家长的目的，我们只想帮孩子。假如子钦爱上的不是科学而是音乐，那么我就会去学习音乐；如果他爱上的是体育，我也会把自己变成体育爱好者。爱他所爱，学他所学，悉心陪伴，教学相长，这就是我们帮助孩子的最"笨"的也是最好的办法！

只要家长愿意去和孩子一起成长，所经历的一切就成为一种经验，就具有了普遍的意义。所以我说，每个孩子都可以展现他的天赋，就看我们家长愿不愿意和孩子一起成长。我常常想，如果我是个孩子，我会希望我的父亲是什么样子呢？这样的换位思考让我更多地体会到了孩子的需要。当我们有了这些体会，我们遇到的很多关于孩子的问题就都有了解决的办法。

朋友们都说，自从有了子钦，我像是变了一个人。是啊！在我们影响和改变孩子的同时，孩子也在影响和改变着我们。

四、父母的爱需要智慧

我的父亲曾给我讲过《心经》，我很喜欢他老人家对于里面的"菩提萨埵"的解释。他说"菩提"指的是"觉悟"，"萨埵"指的是"感情"，"菩提萨埵"指的是"觉悟的感情"，可以翻译成"觉有情"。然后我的父亲告诫我："遇事不要太执着、太痴情，也不要无情，要'觉有情'。"

1. 觉悟的感情

可能会有家长觉得，一本分享教育实践、育儿干货的书为

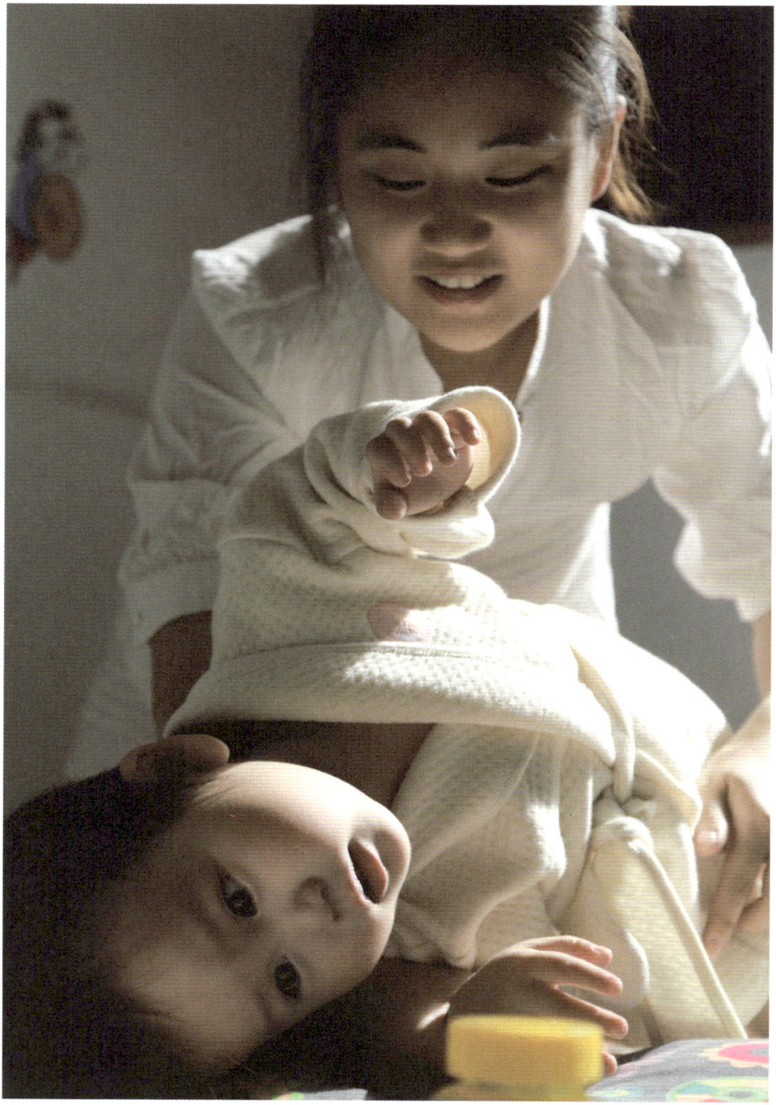

什么要说些"虚"的东西呢，我们需要的是具体的方法。不瞒大家，这些哲学化的内容意义很大，很可能是整个育儿过程中最重要的部分。方法只能治标，而思想却可以治本。人只要活着就离不开感情，尤其是亲情，而之所以有亲情，就是因为有了孩子。学会处理和孩子之间的感情，就是家庭教育的根本。

现在已经很少有家长有"养儿防老"的思想了。那么既然我们不指望孩子将来的回报，为什么要付出这么多心血去教育孩子呢？如果是因为爱，那为什么我们又看到那么多溺爱和错爱呢？

"觉悟的感情"讲的就是一种爱的智慧。我们养育孩子，特别需要爱的智慧。什么是爱？有时候，我们把需要、占有混淆成了爱。实际上，爱是某个时间里全心全意、不求回报的付出。

经常听到有人说："想让孩子学习好，首先要自己学习好。"那么家长需要学习的是什么呢？难道是孩子的课本？不是，家长需要学习的是爱的方式，学会了爱的方式，文盲家长也可以养育了不起的孩子。

我也曾纠结过这样的问题：到底如何去管理或者加强孩子学习的量和度呢？一方面，我们不能完全随着孩子；另一方面，你人为地干预孩子的自然成长时也容易搞错。

比如，我给子钦买了上千元的显微镜，他看了一次就不看了；朋友送给他很好的望远镜，他也不怎么看。他说："看得不够大、不够远。"我当时像很多家长一样，第一反应就是想要责怪他。我小时候也有自己的梦想，可是那时候家里的条件不好，梦想变成了"做梦都不敢想"；可今天我们为孩子创造了这么好的条件，他却不珍惜。

这些责怪想法的诞生令我感到不安，我需要重新审视问题到底出在哪儿。我不能轻易地对他说"为你花了这么多钱，你却不爱学习"这样带有判定色彩的话，万一是我误会了他呢？我开始反问自己："每个小朋友都这样没长性吗？如果子钦的爱好就是'三分钟热度'，你能接受吗？"

想来想去，答案是我能接受，我能接受他的平庸。本来他爱上科学就像爱上喜欢的玩具，我和他在心理上都没有负担。理想这种东西，他有就有了，如果没有，我们家长也没有办法赋予他理想。

可是他不看望远镜和显微镜到底是什么原因呢？这不应该呀！明明他最爱的就是这些，到底哪里不对呢？

我整理思路寻找答案，回想他平时喜欢看的内容：NASA哈勃空间望远镜绘制的高清宇宙动态图景；星空软件中可操控的、全天观察的实时动态图景；他用电脑把六百光年以外的参宿四放大到满屏，并任意操控着转动；噬菌体在高清晰的动画中慢慢刺破壁垒，进入大肠杆菌……这些都是无法通过民用望远镜和显微镜看到的。

由此我明白了，他最爱的并不是显微镜和望远镜，而是通过这些器材去看神秘的宇宙。现有的器材不能满足他，他才去网上看更清晰的资料。这有什么不对呢？我又凭什么责怪他呢？其实我们以为的只是我们以为的，和孩子无关。

通过望远镜这件事，我发现孩子的行为并不是我们以为的那么简单。如果我就此判定他是一个并不热爱科学、没有科学理想的小孩，是一个做事没有长性、只有"三分钟热度"的小孩，那很可能就毁了他的理想和信念，也包括他的兴趣和天赋。我们家长想成就一个孩子特别难，但想毁了他却很容易。

能够给人带来伤害的人，往往是你爱的或者爱你的人。所以我们越是面对爱的人，就越是需要方法和智慧。在我们和孩子的相处中，我们家长首先需要思考该如何对孩子做到"觉有情"。我们只要在一件件的小事上，找到爱的义无反顾和客观冷静之间的平衡，少一点自我，多一点客观，就能学会爱的智慧。有了爱的智慧，我们就能有效地避免错爱、溺爱。

那么如果没有爱的智慧，会有什么极端的后果吗？让我们选择一个孩子身上常见的问题——孩子的叛逆来一探究竟。

2. 孩子的叛逆

在子钦出生之后，我曾经上网搜索家长经常遇到的问题，扑面而来的是关于孩子的叛逆期的内容。我感到惊讶，心想：这个问题竟如此严重吗？我就是从叛逆期走过来的，那种感觉我很熟悉。难不成再过几年我还要以父亲的角色，再经历一次吗？

孩子叛逆的原因到底是什么呢？每个孩子都必然经历叛逆期

吗？让我们再用刚才望远镜事件来分析，来看看生活中的小事走向反面的结果。

当孩子不看望远镜，家长很气愤，严厉地责怪他，然后逼着他看，并且每天把这当作任务来完成。再次购买类似器材的时候，家长和他谈条件，威胁他："如果不去做，我将如何……"长此以往，家长和孩子之间的不愉快越来越多，隔阂越来越深。于是，为了减轻压力，孩子的内心从排斥望远镜变成排斥家长，而家长则会把越来越多的坏情绪越来越强烈地暴露出来，甚至打骂孩子。家长越来越凶，孩子越来越逆反，两个人背道而驰、渐行渐远。最终，是我们以爱的名义毁了这个曾经梦想星空的孩子！作为世界上唯一能够帮到他的人，我们却毁了他的梦想。

这听起来有点吓人，可事实上，最有机会毁掉一个孩子的人就是我们家长！家长离得近、相处时间久、被依赖、可以施以强权。有时候，我们能从叛逆孩子的眼睛里看到他对外界的恐慌，其根源可能就是家庭教育存在严重问题。

其实叛逆本身并不可怕，多数孩子的叛逆都属于非极端的叛逆，这是一种用抗拒、排斥、沉默、抬杠等方式来建立自我存在意义和价值感的行为。这种非极端的叛逆是一个人在完善自我的正常反应，是人成长过程中的正常行为，甚至是人生的必要阶段。准确地说，这应该叫作自我建立期而不是叛逆期。所以家长不必害怕，一个人如果没有自我建立的过程，很可能会成为"巨婴"。

而少数的极端的叛逆，大多是一个人已经陷入了爱恨纠结的扭曲状态。他一定是承受了巨大的痛苦和压力，这往往和童年的经历有关。有人说，要想毁掉一个人，就毁了他的童年；还有人说，幸福的童年治愈一生，不幸的童年要用一生来治愈。我同意这样的观点，一个人今天的样子，一定和他五年前、十年前乃至童年有着某种关联。

万事有因果！一个人长期在压抑的状态中得不到疏通，就容易产生心理问题，时间越长，问题就越不容易根治。而家长越是解决不好就越容易情绪化，有的选择纵容，有的选择强制，这都容易加深和激化矛盾，从而造成孩子的叛逆。

那么如何避免这些令人遗憾的现象在孩子身上上演呢？许多家庭因为孩子的叛逆而苦恼，甚至到了亲人反目、相互伤害的地步，这样的情况是不是可以早一点预防呢？

正是我们在今天缺失对孩子的陪伴和与孩子沟通，造成了十年之后孩子的叛逆。陪伴与沟通并不单单是为了预防孩子未来叛逆，更是孩子心理成长的一种需要，所以家长都应该早一点做准备，做一点未雨绸缪的事。所以在子钦五岁的时候，我做了一份关于孩子为什么叛逆的表格，尝试着从家长和孩子两个不同的角度做一点心理分析，去寻找孩子叛逆的根源以及解决的办法。在这里我分享给大家（见"孩子叛逆原因参考表"）。

孩子叛逆原因参考表

	从家长的角度	从孩子的角度
1—6岁	不了解孩子的习惯、爱好、性格特征；采用单向式教育，缺少双向的反馈，从而缺失调整与纠错。	从小就没有人理解。
	单向式教育一：以孩子为中心的满足、溺爱式教育。	在骄纵中成长，形成自私、自大型人格。
	单向式教育二：以家长为中心的强压、管制式教育。	在恐惧中成长，形成自卑、悲观型人格。
6—10岁	因为缺乏了解而无法理解孩子的心理活动，不能发现问题，不会通过沟通解决问题，并继续采用单向式教育。	遇到的挫折、委屈、困惑没人理解。感受到压力，一旦诉说反而会换来更大的压力，逐渐在渴望中失望，逐渐封闭自己。
10—14岁	长期单向式教育带来的沟通障碍造成了双方的隔阂。而家长却认为一切正常，忽略孩子的压力，不重视孩子的细节反应，粗心、置之不理，更想不到要挽救。	压力升级，逐渐失去了对家长的信赖，三观与社会现实之间产生矛盾，个人的兴趣、天性与外界强制的规范之间产生矛盾，成绩竞争、校园霸凌、情感、人际关系处理等问题所带来的多方压力得不到理解和帮助。由此，自卑型人格会在失望中走向绝望，自大型人格会在自我膨胀中走向迷失。
14—16岁	不理解孩子为什么变得孤僻、独处、不可理喻，但依然不找原因，觉得没什么大问题，在陪伴与沟通方式上一如既往。	多方面压力继续增强，外表尽量保持自尊，内心孤独、压抑、痛苦，在绝望中挣扎，开始走极端。
16岁以上	不知道发生了什么，不明白好好的孩子为什么会变成这样。	内心滋生了恨，形成极端的叛逆。

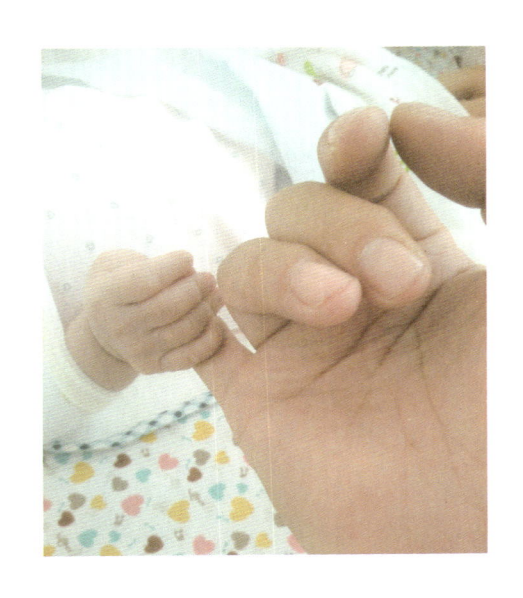

刚出生的子钦，小手使劲地拉着我的小拇指。

好好的一个孩子，为什么会叛逆呢？可能是他内心的意识形态的扭曲，是他所相信或尊崇的东西与现实之间产生了矛盾，是爱与恨的冲突，导致了他性情上的叛逆。

孩子的问题，就是教育的责任。我们常常关注孩子的成绩，却忽略了孩子的心理建设。试想一下，一个少先队员在入队仪式中郑重地宣誓"爱祖国、爱人民"，可回到家里，他对家人的痛苦漠不关心，那我们到底教育了孩子什么？他们有可能变得正直和善良吗？会不会习惯了谎言与伪装？这样的孩子在成长过程中一定会面临很多的心理扭曲的时刻！

没人会在乎这是谁的失败，只有我们家长自己才最有条件去关心孩子真实的内心，最有可能帮助孩子健康成长。在孩子的叛逆期，痛苦的不仅是父母，还有孩子。没有孩子愿意叛逆，他们都是有爱的孩子。打孩子和惯孩子是爱孩子的两种变形，都是引发孩子青春期叛逆心理的重要原因。

所以我们才需要觉悟的感情，需要爱的智慧。"觉悟"的好处就在于，在任何时刻觉醒，情况都可以立刻得到改善。所以这并不难，也没有一个量化的指标。只要我们稍加注意自己的言行，多一点未雨绸缪，找到爱的义无反顾和客观冷静之间的平衡，就会收获好的效果。

打孩子和惯孩子是爱孩子的两种变形。
不同的孩子需要不同的教育方式，而不同的教育方式会影响孩子的人生。

五、避免滞后的教育

你有没有打过孩子？打孩子到底是家长情绪的崩坏，还是教育孩子时必须要做的事？有没有不打就奏效的手段呢？

我曾经看到过这样的新闻，一个孩子因为从楼上向窗外扔酒瓶子，被他父亲暴打；另一个新闻是，孩子把自助餐的食物倒进垃圾桶，他的父亲为了教育他，自己把食物捡起来吃掉。

我觉得这两位父亲做得都对，但都属于"滞后教育"。"滞后教育"是家长没办法的办法。事实上，孩子今天的样子源自长时间养成的惯性。孩子今天出现问题，往往是因为家长之前就给过他出现类似问题的机会。绝大多数的"打孩子"都属于"滞后教育"。我们总是习惯等到问题出现了才去解决问题，而很少去提前预防问题的发生。如果在类似的问题出现之初，家长就能通过言传身教进行遏制，那么就不会出现新闻中的情况，也能避免许多的"打孩子"事件。

在琐碎的生活中，我们都曾有这样的时刻，思想上在乎的是孩子，行动上表现的却是自己糟糕的情绪，这是我们面对鸡飞狗跳的生活所表现出来的无能为力。可是日子终究还得过下去，自己造成的伤害只能自己来修复。

其实家长最可怕的并不是犯错，而是我们不认为自己会犯错。本来教育就是世界上最大的难题，我们做不好是很正常的，可是我们往往有很多借口。我们很少承认自己做得不对，常常会归结成"这孩子不听话""因为他不听我的话，才会挨打""我打他、骂他都是为他好"。这就是我们的逻辑。殊不知，我们正在以爱的名义伤害着自己的孩子。

所以我经常鼓励自己振作起来、坚持下去。其实我们完全可以做到。我们为了做好一项工作，经常多方位地研究客户的需求，费尽心思去揣摩领导的意图；而回到家面对自己的孩子，却经常感到累、烦。我们面对孩子，心里有很多的爱，而表达出来却成了责怪。

一位同学曾经问我，按照他的理解，一个童年挨打的孩子，长大后不是应该以同样的方式对待他的孩子吗？为什么我不一样呢？

其实他说的并不是事实，事实是在子钦小的时候，我也对他拍过桌子、打过屁股，我也吼过他，制止他那些我认为不妥当的行为。只要是孩子，就会时常让你感到崩溃。子钦的身上有着所有小朋友共有的特点，比如偷懒、贪玩、淘气、磨蹭等。我曾经无数次想做个通情达理的父亲，但是在某些时刻，我一样也会莫名其妙地焦躁、愤怒。

在子钦两岁多的时候，有一次在商场里，他看到喜欢的玩具就要买，我没有同意，他忽然倒在地上打滚、哭闹。这情况吓我一跳，我心想这孩子是不是被我宠坏了，他是不是在试探我的底线，我可不能动摇。我严肃地看着他，说："你听好，咱们家是不惯孩子的。你现在有两个选择，要么起来跟我走，要么在这里继续打滚。"说完我就真的走了，他哭着站起来跟上我。在这之后，类似的事情就再也没有发生过。

我这样做，看起来是制止了孩子的哭闹，但他是因为恐惧而服从的，那一刻他的心里一定很害怕自己被抛弃。这样做就是一种"滞后教育",就是没办法的办法。如果经常这样,对孩子的性格养成一定有不好的影响。那么该怎么避免或者改善呢?

我去找一位朋友请教。这位朋友从来不打孩子,他的方式是先提醒,提醒没有效果再去说服。我和他聊起孩子,禁不住发牢骚。我说:"我知道这样不好,可有时候我真的很想揍他一顿!"

他问我:"为什么呢?"

我说:"他不听话!"

他接着问我:"为什么一定要听话呢?"

我沉默了,他问得有道理。孩子为什么一定要听你的话呢?你的话就一定是正确的吗?可是有道理的事,不代表我们就能做到。就算不打孩子,那种恨不得打他一顿的想法,我还是有的呀!

我静下来问自己:"你小时候听话了吗?""小时候因为不听话而挨打的你,是教育成功的案例吗?"……我发现,原来自己一直都不听话,尤其是在挨打之后。

最让我感到惊讶的是,不听话的不止我一个人。我能想到的所有决定自己生活境遇的、给自己的生活做主的人,都是"不听话"的人。越是了不起、伟大的人,就越是不听话。那些改变历史、影响人类的人,那些引领现代文明、改变我们日常生活的人,没有一个是"听话"的"乖孩子"。

原来"不听话"也是一种常态。孩子的独立、自我和他的乖巧、天真一样，都是一个生命体与生俱来的天性。这些天性无论我们怎么做，都不会真的改变，所以最后打孩子演变成了一个家长的"自嗨"。

或许我们应该先搞清楚，打孩子到底是为了改善现状，还是为了发泄失控的情绪。如果是发泄情绪，那么我们爱的到底是孩子，还是我们自己？很多家长说："不打不行，太气人了！"是啊！我也是家长，完全理解那种感受。对孩子一味地纵容一定会滋长他的骄蛮，从而养成坏的习惯。但是，我们完全可以换个思路，我们选择不打孩子，但这不代表我们不严格、不制止、不震慑、不惩罚。与此同时，我们不能忽略的手段是沟通。通过沟通，我们早一点发现问题，就能把可能的坏结果扼杀在摇篮中。

事实上，我们都知道解决问题的方式不应该是打孩子，打完之后最难过的往往是我们自己。而且孩子会越长越大，我们会越打越累！所以很多时候，我们要学会避免问题，这比问题已经出现了再通过打骂来解决问题划算得多！

比如孩子故意糟蹋食物，假如孩子只有一两岁，家长就制止和批评，那么他会因为父母的脸色而知道自己做了不该做的事情。如果孩子三四岁了，已经可以通过沟通和交流体会人和食物的关系，就可以形成不能浪费食物的观念。这样的孩子到了五六岁，会和父母形成一种建立在信任基础上的交流方式和行为规范。

即使是孩子，也能感觉到什么是责任。只是他们觉得不好玩，不愿意放在心上。那么有些责任，我们可以尝试着让孩子和我们一起承担。比如，孩子把衣服弄脏了，可以和家长一起洗，洗得乱七八糟也没关系，主要是让他知道惹出的麻烦总要有人来承担责任。他只要明白这个道理，情况就会越来越好。

五岁的子钦，弄脏了衣服自己洗。

　　这样做看起来耽误了时间，但是从长远来看，反而是效率较高的。如果事情能从根本上得到一点改善，那我们付出的方向就没有问题，这样就会减少"滞后教育"，从而让我们越来越轻松。

　　孩子是家长最疼爱的人，越是爱之深，越是恨之切。我们越是因为孩子的事情烦恼，就越容易把坏情绪带到生活中。而在孩子的眼中，他们会觉得"我没招你惹你，为什么跟我过不去"。

　　人的负向行为往往源于正面的诉求，就像我们打孩子，其本意是为了让孩子变得更好；孩子说了谎，其本意是不想让我们失望。我们本来是想解决问题，却因为方法不当，而导致了更多的问题，教育就变成了越来越麻烦的事。打孩子就属于这样的情况。

此时的家长如果实在控制不住"打他一顿"的想法，那就控制这种做法。

举个例子。有一次，子钦的妈妈做了一道甜椒炒肉，他吃着吃着就说好辣，想喝口桌上的碳酸饮料。我和他妈妈都认为他是找借口要喝饮料，就对他说："这是甜椒，根本就不辣，你要是想喝饮料可以直接说，不要找借口，更不能说谎。"子钦一副有些要哭的样子，说："真的很辣！"

我当时想，正好借这个机会教育他不要说谎，但一想吃饭的时候不适合，就没理他。饭后，他妈妈看他剩了点甜椒在碗里，就捡起来吃掉，一吃到嘴里脸色就变了，对我说："真的很辣，甜椒里怎么会有青椒呢？"此时我们俩都意识到冤枉了子钦，就把他叫过来，说："你的碗里真有个辣的辣椒。"他理直气壮地说："是啊！"

这虽然是生活里的一件小事，但家庭教育的秘密就隐藏在生活的小事中。如果我们家长上纲上线，冤枉他找借口、说谎，甚至家法伺候，就脱离了教育的本质，走向了暴力。

教育的本质到底是什么呢？有一位老师说教育的本质就是幸福，他说如果我们的教育让孩子并不幸福，那么我们所做的一切都是徒劳的。这位老师说得非常好，我同意他的观点。但是我不想用概念来解释教育的本质，我想举个例子：在我们电影行业，我们说最好的化妆是你看不到化妆，最好的摄影是你感觉不到摄影。你会沉浸在电影的故事里，你会被触动心灵，忘记了技术手段，而这一切恰恰是最好的技术造就的。

六岁的子钦、两岁的妹妹和姥姥在公园的日常。

他们俩小时候，很多时间都是姥姥在照顾。

姥姥从来没有凶过孩子，她任劳任怨、善良随和的性格给了孩子们积极的影响。

我想教育也是一样的，挥舞着棍棒的教育就是最差的教育。平时不管孩子，管孩子就是一顿收拾，这简直糟糕透了。好的教育是把教育不知不觉地融入、预埋到生活的细节里，这样就真的可以实现快乐教育。

那么怎么把教育融入和预埋在生活的细节里呢？大家还记得我在第三章"磨蹭不是孩子天赋的阻碍"一节讲的"超市游戏"的实例吗？那个过程就是把学习预埋在了生活的细节里。这简直太有趣了，这样的办法实在是太多了。我在书中举了很多这样的例子，如果家长愿意开动脑筋，还有更多这样的方法，可以解决我们遇到的问题。这就是"不滞后的教育"。

如果家长一下子做不好也没关系，慢慢来，只要方向是对的，结果就会是好的。我们首先要试着管理好自己的情绪。实际上，当我们跳出来看问题，就会发现那些让我们愤怒的往往都不是什么大事。

比如孩子吃饭不老实、吃冰激凌弄到身上等，对孩子来说，这些情况都是正常的，都是可以慢慢变好的。所以我们可以学着遇事先不要生气，而是更多地研究孩子的行为逻辑，再主动地和他沟通。通过我的切身实践，我变得越来越有耐心，大概到子钦四岁以后，我真的可以做到连"打他一顿"的想法都没有了。

提前把教育不知不觉地融入、预埋到生活的细节里，可以避免滞后教育。

我想每个家长都可以根据自己的情况，来调整适合自家孩子的教育方式，并且都能收获比打孩子更好的效果。世界上没有好的家长，只有好学的家长。我们需要在不断的反思、调整中去寻找适合的方式，来支持孩子的成长。如果实在找不到方法，那我们也可以先停下来想一想，什么都不要做。有句话说的是，当方向错了，停下来就是最大的进步。

不挨打的孩子长大后会怎么样呢，会像专家说的那样心理健康、性格乐观、平和、勇敢吗？说实话，这个我无法预言。我们不能相信有关教育的预言，因为关于教育的许多问题都是没有办法预言的。专家还说挨打的孩子长大后容易性格暴躁，可是我就是这样长大的，也没有性格暴躁。所以我并不知道，挨打的和不挨打的两个孩子，他们长大之后谁会更健康、更勇敢。

扎克伯格小时候接受的是海沃塔式的良好教育，而埃隆·马斯克小时候有许多不愉快的经历。那为什么有着强烈反差的两种人生的这两个人，都取得了世界瞩目的成就呢？

生命本身就是一个奇迹，教育又是一个长期的、影响孩子一生的事业，不同的孩子适合不同的成长方式，而不同的成长方式又反作用于孩子的成长与变化，由此形成了千人千面的结果。这个结果是在无数次偶然的过程中形成的必然，我们家长很难凭借自己的力量造就这个结果。所以在孩子小的时候，我们需要做的只是多一点思考、多一点学习。可以肯定的是，只要我们给予对他们天赋的支持以及对人格的尊重，就一定会有利于他们的成长。

说到人格，我们多数人都会承认孩子是有人格的。既然有人格就代表着平等，可事实上，并不是每一位家长都会平等地对待自己的孩子。在外面，我们为了让别人心里舒服，连自己的表情都很注意；可回到家面对孩子，却可以打、可以骂。这叫什么平等呢？如果缺失了对人格的尊重，我们家长将很难做到支持孩子的天赋。因为一味地习惯于"滞后教育"，会让我们渐渐地失去发现孩子天赋的眼睛，会在孩子逐渐长大、青春叛逆的时候，失去要求他的资格。

六、高质量的陪伴诞生好方法

原计划这本书可以在半年时间内完成，没想到写了一年多。这一年，我都在试图回答大家一个问题："你是怎样教育孩子的？"

其实准确地讲，我所做的，只是在有计划地探索应该怎样陪伴孩子，而不是怎样教育孩子。当我回想那些和他在一起的时光，回想那些失眠的晚上我看着身边熟睡的儿子，回想那些令我感到无奈、灰心、沮丧的时刻，我甚至觉得自己连影响他都可能做不到，又何谈教育呢？幸好，我还可以陪伴他。

为什么要有计划地陪伴呢？这就涉及陪伴的质量。如果我们的陪伴能启发孩子的智慧，哪怕只有一点点，那都是有质量的陪伴。而如果我们只是在孩子身边玩手机，只是保证了孩子的安全，那么我们的陪伴就相当于看护，就相当于浪费了我们和孩子在一起的宝贵时光。

和孩子在一起的那些时光，成了父母人生里最好的回忆。

什么才是有质量的陪伴呢？其实特别简单。子钦有一段时间喜欢"解题书"里面的游戏，他用火柴搭出一个错的算式，然后移动火柴，让算式变得正确。在我陪他玩这个游戏的时候，我明显感觉到，孩子在研究的过程中十分专注，他的脑细胞异常活跃。这个时候，我们不是在和他一块解题，而是在更好地陪伴。另外，我看到很多家长陪孩子运动、下棋、旅行等，这些都属于有质量的陪伴。

我们家长是一个家庭的顶梁柱，我们珍贵的时间除了陪伴孩子，还要用在承担更多的责任上。所以陪伴一定要有质量，一定要能影响和促进孩子的成长，而不是消磨时光。

要想达到有质量的陪伴，重点在于我们家长。所以需要学习的不是孩子，而是我们。每个小朋友都有了不起的地方，只是不容易被作为家长的我们发现。

装载量3.0吨
装载量6.8吨

为了看到内燃机的控制室,子钦坐在我的头上使劲向里面张望。
高质量的陪伴可以使家长在教育方式的调整上,使孩子在对世界的认识上,都有收获。

可是令我不能理解的是,每当我说"每个孩子都和子钦一样,都有了不起的一面"的时候,就会有人不以为然。有一位取消关注我的网友在最后的留言里说:"巴塔不可复制,我们问了也是白问!"可能这位网友觉得,孩子本身的天赋决定了孩子是什么样子的。而我却认为,孩子的天赋有没有被发现和发展才是问题的关键。我们把孩子本身的特殊性说成"是金子就会发光",但事实上,铁也能闪光,只是需要稍加打磨。我只是选择了不去指望孩子本身的特殊性,而是更多地问自己,我是不是那个"磨具"。

其实,并不完全是我们所做的一切决定了孩子现在的样子,我们只是其中的一部分原因。在很多时候,孩子学习的坎都在于家长不要泯灭或者说限制他们的天赋。这不是危言耸听,我们不一定有条件塑造他们,却有条件逼迫他、打击他,有本事让他在痛苦中生活。这就是我们家长共同的尴尬，孩子的成就很可能源于他自身的努力，而他的堕落却可能是我们的责任。

"毁掉孩子"不是我们希望的结果，却有可能是我们无意中做的事。所以我把心思用在了研究自己和孩子的相处上，而不是一味地俯视他。试想，如果大人都在以俯视的目光去研究孩子，而从不研究自己；如果大人都在孩子身上寻找答案，却从不在自己身上寻找问题，那么从这个孩子的视角来看，这个世界会不会有点恐怖？

所以我不理解有些家长把孩子的成长寄希望于孩子、寄希望于老师、寄希望于学校、寄希望于社会，就是不寄希望于自己。

子钦的粉丝中有一位医生，每天早晨孩子还没醒，他就出门上班，每天回到家孩子已经睡着了，他很遗憾自己没有时间陪伴孩子。我听完之后，特别理解这位医生的难处。确实，这是个现实的问题，很多家长的确没有那么多时间陪伴孩子，所以只能尽可能地做一些平衡。哪怕每周拿出固定的一个小时来高质量地陪伴孩子，也能有效地帮助孩子成长，减少自己的遗憾。我还听到过这样一种说法："我只有一双手，抱起孩子就不能去搬砖了。"这些我都非常理解，但是我想跟大家交流的是我们需要有高质量陪伴的意识！

举个例子，在工作的时候，家长寻找机会让孩子来参观一次，回去后再带他去看那些富人的生活，目的就是人为地制造生活的反差。孩子体会到反差，就会有一点感触，感触可以带来反馈，也能产生思考。这时候去鼓励他自强不息，效果和平时就是不一样的。如果这个时候他能给父亲一句安慰的话语，那么这样的孩子是不用教育的，因为你已经教育了。

"教育"特别难把握。如果仅仅是我说你听，那就会出现问题。这和人性是反的，都是两条腿的人，你能教育谁，谁又能教育你？那么教育到底有没有好的方法呢？专家们倡导的方法听起来都有道理，而用在我们孩子的身上到底行不行呢？

好的方法，一定是有的！但这不是别人制定出来，就放之四海而皆准的。我们不能习惯于别人把方法"喂"到嘴里，并且期望这个方法一试就灵。世界上没有一蹴而就的教育我们孩子的方法，再好的方法都需要我们家长的自我思考和不厌其烦的验证行动。

有一次，我和一位家长朋友聊天，他觉得子钦不平凡，可我觉得子钦是平凡的。我说："如果一定要说他不平凡，那么每个小朋友都不平凡。"这位朋友不同意，他说："巴塔不一样，就是不一样。"我没有反驳，但我还是坚持我的观点。为了证明我的观点，我说了一件生活中的小事，并且说这样的事一直发生在我和子钦的生活中。当我说完，他似乎同意了我的看法。

在子钦刚四岁的一天傍晚，我们一家在小区里溜达。我提议玩个游戏，规则是：我们先找一个点当作银河系的中心，然后让他妈妈来扮演太阳，围绕着银河系中心慢慢走，我扮演地球围绕着他妈妈这个太阳转，子钦扮演月球，围绕着我这个地球转。我说完大家就都懂了，然后就同时开转。

　子钦要自己转圈，还要围着我转圈，同时我们俩要围着他妈妈转圈，所有人还要围着银河系转圈。子钦最累，但是他最开心，哈哈笑个不停。我们转得不亦乐乎，累得满身大汗。子钦就这样加深了对银河系、太阳系、地球、月球之间的运动关系的理解。其他孩子也能做到，难道不是吗？

　然后我们千万不要就在这里结束。隔两三天，我忽然问子钦天体的运动关系是啥，他绘声绘色地告诉我星球的公转和自转，根本不用教。

　为什么要隔几天呢？当时问不行吗？可以，但是你马上问，他就能看出来你的用意，玩就是玩，大家尽兴才是目的。而且你马上问，不会产生更好的记忆效果。如果两天后孩子还能清晰地描述星体运行的关系，就说明这个知识已经刻在他的脑海里，很可能他一辈子都不会忘。我是在暗中检测和强化他的记忆，如果我不去做，他真的忘了，那么我就白受累了。

　如果你像我一样，不想错过孩子"后续的学习"，那么这个游戏可以一直玩下去。比如，当他再次翻开一本书看到天体运动的时候，脑海中就会浮现一个立体的、动态的空间，此时他所知道的知识和数据融入了这个空间，你再来点生动的比喻，他会获得很多的感悟。

　而当他把这些感悟跟你分享的时候，你会不由自主地惊讶和赞叹。因为事实上你也确实没有跟他说过什么，你只是和他转过圈而已。他给你讲的很多东西，你确实不知道。他是第一次给你讲，你也是第一次听，这完全同步。听到你的赞叹，他肯定更来劲，然后你们就会在"家长有意地营造了学习的情境，孩子无意地配合"中愉快地学习着。就好像是家长根据孩子的天赋，为其打造了一部生活的剧本，再由孩子去展现自己作为主角的光彩；又好像是家长根据孩子的天赋，建造了一个学习的乐园，让孩子在兴趣的驱使下尽情游玩。

这就是关于教育的一个好的方法，我把它叫作"巴塔教学法"。这种方法首先符合儿童心理学，以兴趣、天赋作为驱动力，用适合的学习规划（学习的时空安排）、适合的沟通（交流式沟通），引导、启发孩子的自我教育（把教育不知不觉地融入生活的细节中）。同时，针对孩子的后续反应，配合"费曼学习法"来加深记忆和理解。最后的落点是通过鼓励和玩乐，落在保护孩子的兴趣上。这是一个完整的流程，完成之后进行下一轮的学习，由此实现孩子的"螺旋式提升"。多次的"螺旋式提升"会坚定孩子的理想信念。大家注意我这段话的关键词，正是我在之前的章节中讲到并详细分析的主题。

如果觉得我还是没有表达清楚，那么让我们再直观一些，简单地说，这个方法分为四步：

第一步：发掘孩子的兴趣、天赋，并以此作为学习的驱动力。

第二步：学会交流，用适合孩子的沟通方式发挥孩子的主观能动性。

第三步：抓住孩子的后续反应，运用"费曼学习法"来加深记忆和理解。

第四步：学会评价，通过鼓励和玩，继续保持孩子的学习兴趣。

实际操作下来，我感觉与"费曼学习法"相比，这个办法要好很多。而且，即使你的孩子不是科学迷，而是对别的感兴趣，这个方法也同样适用。这是一部"连续剧"，是一个可以一直玩下去的游戏。游戏本身并不重要，一直玩下去才重要，"一直玩下去"就是学习的不间断的"后续"，就是在实现孩子的"螺旋式提升"。

比如，当子钦给我讲天体运行规律时，掌握话语权的人就成了他。我看到了一个因为把知识分享给别人而快乐和自信的小男孩，觉得后续学习的机会又来了，我要使他"螺旋式提升"。于是我问他："不对啊，新的问题产生了！如果是一个双星系统，天体将会怎么运转呢？"他很认真地想了想，给我讲起来：宇宙中多数的星系都是双星或者多星系统，就像比邻星是一个三星系统，它们的运转很可能是……

看着他认真思考和讲解的样子，我有理由相信，每一个恰到好处的新问题，都能提升孩子对未知领域的探索欲。在接下来的学习里，他会自己去寻找这些问题的答案。所以，合理地发挥"后续效应"，对孩子的连续提升太有帮助了，这种学习就相当于他在自我教育。如果能持续这种自我教育，那我们家长就不用再纠结他将来能不能考上985大学，因为那已经不重要了，孩子已经习惯在知识的海洋里尽情地畅游了。

我的认识都来自和孩子相处过程中的学习、摸索与感悟。

而如果作为家长的你并不知道宇宙中还有双星系统，做不到恰到好处地提出新问题，那么你就会遇到和我之前一样的情况。要学习的不是孩子，而是我们家长。

我把所有能想到的办法都混在一起，再通过实践重新组合，当我自身的学习和思考达到了一个量，这些重组的办法就能被随机应变地使用，让我的陪伴变得有质量，可以达到每天进步一点点的效果。我想只要肯付出，每个家长都可以做到。总结我所做的一切，无非就是这么几项：

第一，完善作为一名家长的心态。"我该怎样对待我的孩子，怎样用不急躁的方式让情况变得更好"这个部分是最让我费神的，能够有这样的心态，我最感谢的人是子钦，是他的反馈在鼓励和修正我，他在不经意间给了我太多的帮助。

第二，帮助孩子找到自己的目标，即发掘他的兴趣和天赋，并在我的支持下，使之成为他的理想。

第三，试图在混乱中厘清思路，不管社会环境和意识形态怎么改变，都清醒地支持孩子的学习和成长。这一部分我在书中分享了我的认识，有些地方我还在实践中，希望有机会和大家共同交流学习。

七、普通家庭培养出智慧的娃

很多网友留言说："子钦的家庭一定不一般，我们普通的家庭不可能培养出这样的孩子。"作为一名普通家庭的家长，我想对大家说，如果你觉得我的孩子还可以，那么你的孩子也一定行。

自我发布第一条视频起，到现在已经有两年的时间，在这期间，一直有很多网友询问我的学历和工作情况，甚至有人断定子钦的父母一定是科学家、教授。事实上，子钦生长在一个普通的家庭。作为子钦的爸爸，我从小喜欢文艺，尤其是美术和音乐。但是梦想对童年的我来说，只是一个无比渴求又不敢奢望的、埋在心底的秘密。我上完初中，就去读了中专。毕业后，我做过十几个不同行业的工作，那些经历就是我人生的老师。后来我到北京广播学院进修，毕业后被电视台聘用成为一名编导，由此拍了一些纪录片和电影。

这就是我大概的经历。这些年，无论做什么，我都爱琢磨。尤其是有了孩子之后，我越是焦虑，就越是思考，尤其是反思。所以我作为子钦的爸爸，是一名爱思考的家长。

好，回到正题。普通的家庭能不能养育出优秀的娃呢？这是个有时我们不愿意谈论的话题。现在越来越多的人不再相信"寒门出贵子"，确实，在很多资源的匹配上，寒门有着太多的无奈。但是有一点可以肯定，就是在孩子天赋的发现、智力的开发上，普通的家庭也一样有着自己的机会。

"可是发现了又能怎样呢？问题在于我们没有条件培养啊！"是啊！这是我也面临的问题，但这是否意味着我们连发现都不要去做呢？

我选择了首先要去发现，如果连发现孩子的天赋都不去做，那么谈别的就都是托词。我们不能以出身为借口，来掩盖自己观念混乱的本质。我们至少可以在孩子小的时候，帮助他认识到自己的性格与天赋、优点或不足，尽可能地为孩子多做一些提升智力的事情。至于未来，就只能留给未来再说，走一步看一步。我们当家长的，只能尽人事、听天命，能做到什么程度就做到什么程度。

我非常理解家长们在家庭教育中所做出的选择，但我还是建议家长朋友们在有可能的情况下发展孩子的天赋。我们每个人都曾经是个小孩，如今我们多了一份责任，要去帮助自己的孩子。尽管我们没有太多经验，但是让他们在小的时候就知道自己的潜能、自己的特点，这或许是我们家长最需要做的事情。

面对"寒门能否出贵子"这样难以深入的话题，我们不妨再一次换位思考，从孩子的角度看看他们会怎么看待这个问题。

先拿我的经历做例子。我上初中的时候喜欢跳霹雳舞，参加市里举办的霹雳舞大奖赛得了冠军，一度成了当地年轻人的谈资。有一次，我去邻县的姑姑家，邻居的孩子过来串门时，对着我炫耀说他见过赵邈（我的名字），但他们并不知道对面的我就是赵邈。我的姑姑看在眼里，并没有说话。邻居走后，姑姑对我说了一句让我铭记一生的话，她说："你这孩子，就适合搞文艺！"

我当时听了这句话，有一种豁然开朗的感觉，我的内心感到一种从未有过的舒畅。所谓"儿不嫌母丑"，作为孩子，他们不会过多地考虑自己的家境，不管生在什么家庭，都已经是不可逆转的事实，他们考虑最多的是自己的梦想。

所以，孩子最渴望的是我们家长的指点、鼓励和支持，而不是换一个家庭。就比如，我的姑姑简单的一句话就坚定了我的信念。后来，经历了很多的曲折，我终于找到了自己向往的工作，然而，如果没有姑姑的那句话，很多事情我连想都不敢想。

正因为如此，当我有了孩子，我选择了首先去发现。我相信，他们并不在乎居住的房子值多少钱，而是更在乎手里的玩具和冰箱里的糖果。相对于家里是什么条件，孩子更需要知道的是自己有什么潜能。每个孩子都有他自己的生命轨迹，都需要一种只适合他自己的成长方式，这是由他的性格、习惯、天赋等众多因素决定的。而家长的使命就是找到那个方式，然后去支持或者释放他本来就具有的潜能。

当然，他们在未来还需要更多的机遇，但是毕竟现在我们已经迈出了第一步。也许这就是我们家长所能做到的最好的成全！

相信孩子会和我们一起努力。

"寒门能否出贵子"这个问题涉及一个人的价值观。每个人都有对事物的看法，这些看法很可能是经过许多年形成的，并且是不容置疑的。这一点我非常理解。因为我们每个人都在为了自己的价值观奋斗着，别人无可厚非。但是我们试想一下，如果每个人都把成为首富视为出息，把称王称霸视为成功，那么放眼社会，只有极少数人才有资格培养他们的孩子。

我们应该怎么看待"贵子"的这个"贵"呢？

我知道在北方有这样一家人，他们的家在一个普通住宅小区靠门口的位置，每年除夕夜，这家人煮饺子的时候都多煮上一碗，端给门口值班的保安。这件事并没有后续，没有发生某一天这家人搬家保安都来帮忙这样的事，也没有发生某一天来了盗贼保安帮助这家人化险为夷这样的事。但我想，这家人就是"贵"的人。

家长的价值观与发掘孩子的天赋有关系吗？有，尤其从长远来看，有很大的关系。举个例子，如果你认为有钱有势才是有出息，那你一定不愿意自己的孩子成为贫困的人，哪怕他成为一位科学家或者艺术家，你也会因为他不富有而认为他没出息。家长的价值观决定了家庭的文化氛围，家庭的文化氛围影响着孩子的精神追求，而孩子的精神追求就是影响他天赋发展的因素之一。我们发展孩子的天赋，并不仅仅是培养孩子的一个特长那么简单，最好是把他的特长和未来的工作、事业关联起来考虑，把孩子的学习和就业放在一个线性的规划中来考虑。所以，如果你真的想发掘和培养孩子的天赋,就不得不考虑家长的价值观和孩子的天赋之间可能存在的矛盾。

比如我,如果我选择了支持孩子成为一名科学家的理想,那么我就得接受只要他实现自己的理想,无论贫困还是富有都是有出息。而他很可能没有实现自己的理想,那么我也得做到只要他热爱过、追求过,即使不成功也要为他点赞!

如果知识是一片海洋,那么每个小朋友都是在海边拾贝壳的孩子。

前一段时间,在"双减"新闻的留言区,我看到引起大家热议的一句话是:"有出息的孩子在哪里都能成才。"我个人同意这个观点,可是当我翻开评论,却发现大部分人支持的都是"父母不用作为,孩子自有天命",觉得这就是"有出息的孩子在哪里都能成才"。这就和我的看法不同了,我同意成不成才和上清华、北大没有绝对关系，甚至同意一个人不上学也可能有出息。但是我觉得一个人能做出成就，需要他在生命中遇到三个贵人，这三个人太重要了。

第一个人，就是他的家长。家长在孩子小的时候能够发现他的才能，支持他树立自己的理想，最好还能扶他上马走一程。如果这些都做不到，那么至少不要去泯灭他的才能，不要毁了他的天赋。

第二个人，是他的老师。家长不能做到在专业领域里深耕，不能完成更好的资源配置，这个时候，只有老师才能在更大的空间里帮扶他、成就他。就好像卢瑟福遇到了汤姆逊主任，曹原遇到了朱源院长。所以，在一个人的青少年时代，能否得遇恩师，几乎决定了他的才能会不会夭折。

第三个人，是志同道合的伙伴。几个伙伴在一起，才能成就一项研究，完成一番事业。

我们的孩子赶上了这样的时代，人们开始重视生存的环境，重视科技的发展。他们的未来将是我们无法企及的，我们家长所能做的就是当好他的第一个"贵人"。虽然，成为"人上人"是一个悖论，客观上，也不是每个孩子都能做出卓越的成就。但是我们依然可以帮助我们的孩子成为更好的自己，那才是他自信的源泉。

人生最幸福的事，就是有机会从事自己感兴趣的工作，把喜欢的事变成事业。就像我自幼热爱电影，终于有一天，我坐在了片场，那种幸福只有我自己知道。虽然命运没有让我成为大导演，但我依然真切地体会到工作带给我的幸福！我曾经在片场和家人通电话时情不自禁地说："只有在片场，我才真正地活着！"

所以我觉得，一个人对一项事业的热爱本身就是有出息的表现。多少人一辈子只热爱钱，可是我们热爱的真的是钱吗？实际上，我们热爱的是金钱带来的安全感、满足感。钱成了减少人生危机感的道具，而不一定是心灵中的真正的热爱。丰盈的人生并不会因为这些道具而满足，一个单纯热爱金钱的人也无法体会那种事业本身所带来的幸福感和使命感。

然而，并不是每个人都那么幸运，能够知道自己热爱的是什么，甚至能够把热爱的事情变成自己的事业。所以我发自内心地希望我们的孩子能拥有这样一份幸运，同时我们作为家长也必须接受他们不那么幸运的人生。

还记得子钦不到五岁的一天，我回家刚进屋，他就跑过来问我："爸爸，我长大了可不可以不做科学家？"我赶紧说："可以啊！"听我说完，他开心地走开了。那天之后，他继续喜欢他的天文物理，只是比以前多了些松弛感。

这件事，就这么看似轻描淡写地过去了，但我心里知道，在他问我的那一刻，他应该是有了压力。我说"可以"，是不想他感到压力，不想让大人的期望超出了他所能承受的范围；同时我也真的认为"可以"，当啥都行，只要他开心。

幸运的孩子有能力享受爱好本身所带来的幸福，而不是一味地去追求成功。当这样的孩子把喜欢的事情变成事业，特别容易做到极致，把一件事做到极致，自然就容易获得成功。在这个过程中，如果我们擅自设定孩子的人生目标是成为科学家、艺术家等，那么一旦他将来没有成功，我们和孩子费尽心思搭建的理想高楼就会坍塌。而孩子也会像一个玩偶，容易在被设计和被操控中变得扭曲。这就相当于我们肯定他们的标准是他的成绩够不够突出，爱他的标准成了他做得够不够好，那么孩子的人生，至少他的青少年阶段，将很难感到幸福。所以无论我们的价值观是什么都没有关系，有关系的是我们需要在我们的价值观和孩子的天赋发展之间找到平衡。

就我个人而言，我很敬佩老子的一句话，叫"为而不争"，就是告诉我们把心思用在该做的事情上，而不是结果上。现在社会上的很多事情都只讲结果不讲过程，然而培养孩子却恰恰相反，只有注重过程才能经历幸福，如果只看结果，一定会令人更加焦灼。

这是因为孩子未来的一切都不一定如我们所愿，需要太多的机缘巧合。但不如我们所愿又有什么关系呢？只要他们追求的过程是幸福的、坚定的，他们就可以不去在乎别人眼中的自己是优秀的还是平庸的。

就像子钦对自己的评价是："我不是天才，但是我跟别人不一样。"听他说完这句话，我就告诫自己，无论他将来成为什么样的人，我都要一样地爱他、一样地信任并鼓励他。我们每个人都是普通的，而每个人又都不一样。希望我们家长能看到孩子的"不一样"，并和孩子一起学习成长，通过共同的努力，让我们下一代的人生更加美好。

尾声

文字写到这里，我想我应该打住了。谢谢您，阅读这本书！如果能让您有一点收获，那么我的努力就是值得的。同时，如果您喜欢子钦，那么作为他的家长，我由衷地感谢您对子钦的厚爱！

在修改到第五稿的时候，我还在纠结应该给这本书起一个什么名字。那天吃晚饭时，我想或许可以问问子钦的意见，就对他说："你知道吗？爸爸把你从一岁到六岁的经历写成了十几万字的稿子，这就成了一个永久的记录，你长大以后就可以看到自己童年的事情啦！你开心吗？"他看着我说："开心！"

我接着问他："但是我遇到了一个纠结的问题，就是不知道起个什么名字。现在有两个选择，一个是'巴塔养成记'，一个是'巴塔陪伴记'，我想让你帮我出个主意，你觉得用哪个好呢？"他想了一下说："'巴塔陪伴记'，这样更贴切！"

我很高兴，心想书名终于可以定下来了，没想到他紧接着又问我："这些字，你准备印在哪里啊？"我说："爸爸准备以书的形式出版，印在纸上，装订起来，这样就能长时间地保留下来。"没想到他却说："这样不好，书只能保存三百年，你应该刻在石头上，能保存上千年。"我一口饭差点喷出来！

那天晚上我很放松，小酌了几杯。我有一种如释重负的感觉。没想到在这之后的半年多时间里，我又伏案改了十稿，名字也调整了数次。在一年多的写作过程中，我无时无刻不深感责任重大。

越是关于孩子的书，就越不能儿戏。我小心翼翼地斟酌每一个字，它既要是诚实的，又得是值得记录的。最终，我是在自省中写出了这些文字。我回想过去那个刚愎自用、自以为是的自己，我庆幸自己的改变，感恩在孩子成长的路上，我们能够相互陪伴。

在教育孩子的问题上，我们每个家长都是专家，同时我们也都是学生。面对孩子的教育，我们都在用无数的付出去凝结一点一滴的认识。用能够看到优秀的眼睛去发现孩子，用有质量的陪伴去发展孩子，这是我在这本书中分享的中心内容。为此，我以生活中的真实场景作为案例，尽我所能地表达了我的心得体会。

虽然子钦热爱的是科学，但是我觉得无论一个孩子热爱的是什么，我们家长都会面临如何发掘和培养的问题。在这方面，如果这本书能对家长们有一点帮助，那就是它存在的意义。

写这本书占用了我不少本应该陪伴子钦的时间，但我还是坚持完成了这个任务。在写作中，我真正体会到了"学然后知不足，教然后知困"，自己也成了这本书的受益者。似乎是命运给了我这样一个机会，让我在这一年多的时间里梳理我的内心，让我对生活做一次阶段性的反思，去触及"教育"这个伟大的主题。

感谢编辑老师和我的家人、朋友们给予我的宝贵建议，有你们我才有可能写完这本书。相信这本书还有很多的不足，面世之后还有很多的遗憾。不当之处，还请家长朋友们指正！

最后，祝愿我们每个人都能多陪伴家人，都能在生活的学习中有所收获。真诚地希望更多的家长能够发现并且合理地支持孩子的天赋，那将是更多孩子的幸运！希望大家和我一起，成为家庭教育的受益者。我是子钦的父亲，一名爱思考的家长。再次感谢您的支持！家长朋友们，再见！

附 录

一、答网友问

问：这孩子报了多少补习班？

答： 从出生到上学，他没有上过补习班。原因是我们想先搞清楚他喜欢什么，再让他进行专门的学习。结果出乎我们的意料，他喜欢的居然是天文物理，而社会上并没有类似的补习班，所以我们就顺其自然，多给他找一些科学方面的资料，他就以自学为主了。

我觉得盲目的补习就是家长花钱买的心理安慰，很难让孩子变得更出色，有时甚至会有副作用。孩子自主地学习，才更有成效。

问：我想问问他是哪位老师教的？

答： 很多老师，但他的老师们基本上都不知道有这么个学生。他都是通过在网上看老师们的科学知识讲座来学习的。当然还有一些他喜欢的图书作者，也是他的老师。其实我觉得，对孩子来说，任何人都可能是他的老师，身边的任何事都可能让他产生思考，从而获得新的知识。这需要家长多费点心，不要错过那些让孩子因获得知识而感到快乐的机会。

问：天哪，这孩子是怎么培养的呀？父母可以介绍一下经验吗？

答： 太多网友问这个问题，我写这本书就是来回答这个问题的。书中对子钦的成长以及我作为家长的思考和行动做了如实的介绍。相信只要看进去，就能找到答案。这样做是由于教育孩子遇到的问题都是有联系的，针对单个问题叙述会比较教条，也不够准确。所以我想和感兴趣的家长朋友一起体会和感受那些蕴藏在生活细节里的方法，并分析这些方法的根源。我真诚地希望得到大家的指正！总的来说，我只有一个愿望，就是尽我们的力量，来帮助我们的下一代！

问：父母有什么样的基因能生出这样的孩子？

答： 普通的父母！作为普通家长，我也不知道基因对孩子的影响大不大。为此我还查过一些资料，其中有一篇文章说父母的基因对孩子的影响并不大。我不知道这样说有没有科学的依据，不过现实中我们经常会看到，同一个父母生的两个孩子在性格、爱好和观念上存在着巨大的差异，所以我个人更倾向于相信每个生命本身有自己的使命。做父母的能够善于发现他们的不同，就很开心啦！

问：我想知道，他是怎么学的，怎么记住的，怎么悟出来的？是不是转世时没有喝孟婆汤？

答：他基本是自学的，因为单纯地感兴趣，所以就去了解相关的信息，了解得多了，信息就容易转化成知识，从记忆到自己理解，最后形成一种认识。这时候家长多鼓励他们，多注重我在书中提到的"后续"，他们就会自主地吸收更多的知识，吸收得多了，一部分知识就真的理解了；理解得多了，他们就会更多地反问，会质疑、会思考，这样就出现了悟的状态。

当孩子们了解了大量的信息，记住了其中的30%，理解了其中的10%，悟了3%，我们就可以看到孩子的这种状态了。至于孟婆汤，这个我也不知道啦！

问：孩子的父母是做什么工作的，是不是科学家？

答：不是科学家，甚至连大学本科都没考上。百度搜索"科学小子钦"，搜索最多的词条竟然是"科学小子钦父母的职业"，这完全出乎我的意料。没想到那么多人想知道我的职业，我是财贸中专毕业的，然后去打工，做过烧锅炉的、售货员、保安、中巴司机、推销员、会计、印刷工人、通信员、秘书、记者、厂长等工作，后来有一个机会到北京广播学院进修了大专，毕业后到中央电视台做了编导，之后拍摄了一些纪录片和电影。子钦的妈妈是一名会计。如果大家想知道普通的父母怎么培养孩子，答案就在这本书和我的专栏课程里面。

问：专栏课程和书有什么不同，在哪里能看到？

答：专栏课程和书籍是相互配合、相互补充的，其中有60%的内容是一致的，但是表现形式不同。专栏课程以视频课程的形式呈现，内容中的案例有画面辅助，更为直观，同时针对教育方法的要点进行了总结；而书的内容更加全面，可以一览全貌，并且配上了视频二维码，同时增加了照片、插图。观众可以根据自己不同的学习习惯来选择书籍或者视频课程，专栏课程的名字是"发掘孩子天赋"，在"科学小子钦"的今日头条、西瓜视频和抖音账号上都可以看到。

问：这孩子看了多少书啊？太聪明了，国家应该把他作为特殊小人才培养。

答：谢谢夸奖！孩子学习的过程和资料，我在书中做了介绍。关于特殊人才培养，我想这是每个家长都希望的，但是我们得到特殊培养的机会是比较渺茫的。不管在哪里，我都希望他能保持对科学的兴趣和对哲学的思考。像爱因斯坦那样，虽然没有上过"天才少年班"，但是从来没有停止过思考。

问：请问应该怎样向你推荐的老师学习？报课吗？

答： 不是的，在网上做科普的老师，绝大部分的课程都是免费的，子钦没有花过钱就学习了很多老师的课。作为家长，为了我们的孩子，千万不要"等食吃"，而是要主动"找食吃"，那些送上门来的往往是来"割韭菜"的。其实你只要知道了老师的名字，就可以在各个网站上搜索到他们免费的课程，我在书中也对一部分老师的特点做了简单的介绍，你可以根据自己孩子的情况去甄别、筛选适合的内容。

问：请问在哪里能买到子钦看的书？

答： 我在本书中推荐了几本，但只是其中的一部分，将来我会通过直播给大家推荐更多的好书。您可以搜索书的名字购买，如果担心版本不对，也可以去抖音"科学小子钦"账号的橱窗购买，里面都是子钦喜欢的书。读书不在于多，而在于精，深入地看一本好书的意义要超过看很多不好的书。

问：看到这孩子就想打我儿子，我儿子就知道玩，怎么办？

答： 子钦也玩呀！玩是人生的重要部分，有时候孩子坐在屋里写作业，还真不一定就比出去研究蚂蚁上树更重要。如果你希望孩子除了玩还能干点别的，那么就可以把玩分成两种，一种是玩，一种是研究玩，帮助他把玩变成研究玩。

问：这个家长和孩子怎么有那么多时间天天拍视频？

答： 我一般是和他聊一次，一次一两个小时，手机就放在一边一直拍。然后做出来一堆短视频，每周更新，可以播几个月，所以基本不占用孩子的时间。至于作为家长的我，确实有太多的事，会占用陪伴孩子的时间，这很无奈，我只能尽量不影响孩子的成长。

问：我想知道这孩子长大后会怎么样？

答： 我和孩子妈也想知道呢！大家知道木桶实验，决定一个人成就上限的是他的短板。目前大家看到的可能是他的优点，但是如果出于性格或者其他的原因，他的缺点放大了，就会限制他的未来。所以我在心里有个计划，就是未来我更多的心思会花在他的缺点上。让他成为更好的自己，才不辜负大家的厚爱！

二、子钦喜欢的音频、视频

在这里，我列举一些子钦喜欢的、成系列的解说类科普节目。需要说明的是，请大家不要误解为有了这些学习资料，孩子就有了成果，所有的进步都有着综合的原因，都是我们家长和孩子共同付出的结果。

以下节目的名称和老师的名字都可以在网上搜到，节目的内容目前都是免费的。如果我的介绍碰巧被老师们看到，那么请接受我和子钦最真挚的感谢！

"妈咪说"（Mommy Talk）

"妈咪说"老师是一位专业的科普博主，这位老师是一位"较真的理工男"，他的讲述总是娓娓道来，不会为了流量做奇怪的节目。他的内容文案并不是搜索、拼凑来的，很多都来自专业的学术论文，所以他传播的知识正如他说的那样"有理有据、有节操"。

这种科普节目就像老百姓与科学家之间的桥梁，让我们普通人也能了解科学。子钦十分喜欢这位老师，他大概有半年多的时间每天听"妈咪说"老师的《量子故事会》和《粒子世界》两套课，听了无数遍。"妈咪说"老师的语言生动精练，逻辑清晰而又严谨。我是在他这里才第一次知道了像叶企孙、吴有训这样的中国科学先驱的事迹，他们令我高山仰止，是真正的"偶像的偶像"。这些内容让我和子钦既获得了知识，又开阔了眼界，也坚定了信念。

吴京平：《科学史评话》

吴京平是我心目中一位很棒的老师。他做科普比较早，我和子钦经常听他多年前的专辑，比如《柔软的宇宙》《量子力学外传》《行星传奇》等。吴老师的知识广泛又扎实。听他的课，我能感觉到他的声音里传达着一种善意，一种为人师者的无私馈赠。他的语言真诚又风趣，把科普说得像评书一样好听。子钦很喜欢听吴老师说话，有时候听着听着就哈哈大笑起来。

近些年短视频兴起，流量的算法、泛娱乐内容、观众这三者之间形成了滚雪球式的循环，使得网上内容越来越娱乐，而像吴老师这样的科普博主却越来越冷门。真心希望像吴京平、"妈咪说"这样的老师能多一些人关注。这和关注游戏、演员正好相反，只有关注学问的人多了，才能说明我们的民族正在强大。有人说当年的第二次世界大战就是科学家之间的战争。假设有一天灾难降临，明星能解决什么呢？粮食可以让人们活下去，科技才不会让人成为"亡国奴"。

"老高与小茉"

"老高"是一位知识类博主，他涉猎广泛，想象力丰富，语言风趣幽默、通俗易懂。他的节目偏重于趣味性,而不自诩科学性。我个人觉得这位老师讲的与天文相关的节目,在早期引发孩子科学兴趣的时候值得观看。不过他的节目里有些传说逸事并不适合孩子观看,这需要家长筛选。事实上,给小朋友看的所有东西都需要家长提前把关。网上很多节目并不属于严谨的科普,经常会出现数据和解析不准确的情况,甚至可能遇到不适合孩子观看的灵异事件、都市传说的内容。

在"老高"的节目中,偶尔会有一些哲学的思辨,我觉得这是他闪光的地方。另外,我还很欣赏他和妻子"小茉"交流时充满尊重的样子。我希望在这些地方能给子钦好的影响,也希望子钦长大了可以像"老高"一样尊重自己的妻子。子钦喜欢给"老高"点赞,可惜目前我们在国内看到的"老高与小茉"的视频都是从海外的平台"搬运"来的,并不是他本人发布的。

"眼见为识"

"眼见为识"的赵巍老师像一位开心的大男孩。他的节目都是高清拍摄的,声音和画面资料很丰富,在影像的制作上比较专业,我能看出来他做了比较大的投入。看赵巍老师的节目有一种乐在其中的感觉,他专业知识丰富,经常和大家一起搞研究。在节目中,他对爱因斯坦的广义和狭义的相对论理论进行了比较多的、深入浅出的探讨。

他讲话中肯、有趣,并且很喜欢做实验,动不动就给你画个光锥图，做个真空炮，再来个自由落体。所以做科普对他来说似乎是一件好玩的事。子钦很喜欢他的节目，会把两年前就烂熟于心的内容翻出来再看一遍。只是赵老师的节目更新得不是那么多，让人看不够。

"弦论世界"

"弦论世界"是周思益老师的科普自媒体账号。她在中科大读本科，之后到香港科技大学读博士，斯德哥尔摩大学、神户大学读博士后。这是一位科班出身的老师，研究方向是宇宙学、弦理论和场论。周老师的兴趣就是给小朋友讲有趣的物理知识。她既专业又敬业，精力特别充沛，既能兼顾学业，又能传播知识。

虽然她说自己的媒体是"弦论幼儿园"，但她和小朋友们分享的许多知识却是十分深奥的，小朋友遇到不懂的问题，多数时候都能得到解答。她特别有亲和力，乐于帮助和鼓励小朋友。

"中科院物理所"

没错，就是那个中科院物理所。我很早就替子钦关注了"中科院物理所"。在最初的时候，"中科院物理所"发布的内容比较专业，对孩子来说有点难。但是后来发布的内容加入了丰富的画面，科普的话题也越来越贴近生活、越来越有趣，子钦经常看着看着就忘记了吃饭。

越来越多的科学爱好者和孩子的家长关注了"中科院物理所",这太让人开心了,说明网友们越来越关注知识分享。在2022年1月,"中科院物理所"通过"抖音和他的朋友们"向网友们推荐了"科学小子钦"的账号,希望更多的小朋友爱上科学。这样的鼓励,着实让我们一家人高兴!

当然,还有大家普遍熟悉的著名科普作者,比如中科大的袁岚峰博士的**"科技袁人"**、人大附中的李永乐老师的**"李永乐老师"**,他们有着丰富、深厚的知识储备,把向大众普及科学知识作为一项事业,并在这个过程中不断地研究,推陈出新。跟这样的老师学习,对我和子钦来说就是正确的选择。李永乐老师本身就是人大附中的物理老师,而袁博士本身就是一位科学家。他们严谨而又认真,一直在帮助我们普通人了解更准确、更翔实的科学知识以及动态。

其他还有很多子钦喜欢的节目和课程,比如孙彬老师的**"科学星球"**、老肉老师的**"老肉杂谈"**,还有**"本质菌""土星机长""不刷题的吴姥姥""看懂工作室""毕导""遇见数学""画渣花小烙"**,等等。

给孩子看知识类的视频,为了保护孩子的兴趣度,一定要选择适合孩子当下观看的内容,就是不要让孩子觉得太难,而是让他觉得很有趣。因为从长远来看,调动兴趣比掌握知识更重要。以下是我根据个人的看法,为大家做的一个难易程度的划分表,仅供参考。需要说明的是,并不是难度大的内容就没有趣味性,也不是难度小的内容就缺乏知识性。所有的知识都是平等的、有趣的，就看针对什么人。有时候对有天赋的孩子来说，往往是知识越难越有趣。

推荐不同难度的自媒体账号

难度	内容
小	"画渣花小烙" "模型师老原儿"
中	"本质菌" "土星机长" "无穷小亮的科普日常" "老肉杂谈" "看懂工作室" "毕导" "球村冷知识" "不刷题的吴姥姥"
大	"遇见数学" "科学星球" "弦论世界" "中科院物理所" "眼见为识" "妈咪说" "科技袁人" "李永乐老师" 《科学史评话》

还有很多单集的、偶尔能刷到的科普节目，总之只要去搜索，就会看到很多优秀的内容。在西瓜视频或者今日头条平台的"科学小子钦"账号的关注列表里，有一多半都是科普内容，想了解的家长可以直接看到。但是我不得不说，在选择内容时可能会遇到这样的情况，就是看到某个内容感觉还不错，但是里面可能会出现不怎么文明的字眼，这让我感到非常无奈。可能博主觉得这样很时髦，但给小朋友看却很不适合。所以我说，给孩子看的任何内容都需要我们家长先把把关。

无论怎样，当我看到网上那么多精心制作的内容，真的要感谢现在的孩子生在了一个信息发达的好时代，可以足不出户就接触到很多知识。再次向网上的老师们致敬！

三、子钦喜欢的图书

子钦看什么书？这也是很多网友们经常询问的问题。首先推荐百科类的书，这类书对每一个学科都是点到为止，所以我个人觉得对小朋友系统的学习并没有直接作用，但是百科全书有一个"入门"的功能，它可以帮助孩子形成一个初步的世界观，最主要的是它能帮助家长分析孩子具体的兴趣方向。

比如在一本书中，文史哲、数理化涵盖万千，在孩子随意翻看的时候，我们可以根据他的观看时长和认真程度来判断孩子对哪个具体学科更感兴趣，从而去增加这方面的训练。我想，达到这个作用，这本书的任务也就完成了。

除了《**十万个为什么**》《**万物有科学**》等百科类的书，子钦喜欢的书还有很多，我在这里介绍其中几本。这些书都可以在网上查到，也可以在"科学小子钦"账号的橱窗里找到。

《**玩转量子世界**》是一套漫画故事科普书，在讲故事的同时把物理、化学的知识点嵌入书中，并且配上了二维码，可以扫码观看对专业名词的说明。书中的故事轻松有趣，对培养科学兴趣以及了解基础概念很有帮助。不过想深入地理解，需要孩子有一定的知识储备。

比如，书里有个角色叫光子，小朋友了解了光子是物质构成的基本粒子之一，完整阅读下来就没有问题。但理解光子的物理意义需要了解光子和电磁波的关系，了解光子在基本粒子表中的位置，进而了解已知物质的构成。这些知识不是通过看一本书就能理解和掌握的，需要系统地学习科学史，了解科学巨匠的发现以及不同研究成果之间的关联。

《这就是物理》这套书里面有十册，通过漫画的形式展现，分别涉及声、光、电、热、力、磁、运动、引力和物质等主题。虽然这套书也是类似百科全书那样的概括介绍，但对每一个主题都做了扩展。比如，谈到声音的时候提到声音分为频率和振幅，频率代表音高，而振幅决定了声音的大小、强弱。

子钦和我一起看书的速度很慢，经常是一本书一个月还没看完，原因是他看着看着就跟我讲与书无关的东西，话题越扯越远。比如，我和子钦看到声音这一章，他就对我说我们人类的听觉是有局限性的，两万赫兹以上的超声波和二十赫兹以下的次声波我们是听不到的。我们内脏的频率是五赫兹左右，根据这个就可以发明一种声波武器，和人的内脏发生共振，人就会在不知不觉中死掉。

《奇妙的量子世界》，这本书是潘建伟院士作序、袁岚峰博士推荐的。书中运用有趣的漫画以及通俗、幽默的语言来讲解量子力学知识。其实不管怎么通俗幽默，但凡涉及量子力学，对任何人来说都是比较难的。所以我觉得小朋友了解量子力学或者其他高深的学问，保护他的兴趣比获得知识更重要。

我的建议是注意力可以集中在书中有趣的漫画上，以形象阅读为主、文字阅读为辅。关键是要有和孩子一起讨论的氛围，讨论的话题可以围绕我们生活里能看到的事物以及现象，根据孩子的兴趣适当地深入。也可以通过孩子的兴趣点切入专业的知识，比如孩子喜欢钢铁侠，那么讲讲他的战衣采用的纳米技术到底是什么技术，又有多么神奇……

《嗨！元素》和**《奇妙的量子世界》**一样，也是人民邮电出版社出版的。这家出版社出版的儿童读物注重知识性，印刷质量也很好。这类书的知识点特别多，由于偏知识性，对有的人来说趣味性就不那么强。孩子读这类书时，要注意观察孩子的接受度，不可强求。

在我和子钦看这本书的时候，我们觉得每一章结尾提出的问题都很有趣。比如，太阳和氢弹都是核聚变，那为什么氢弹一下子就没有了，而太阳可以核聚变数亿年呢？为什么我们做核磁共振的时候不能携带金属呢？于是研究这些知识点成了家长和孩子的任务。

其次要推荐"解题书"。这类书比较多，其中有比较畅销的，也有应用题试卷。这类书往往会强调解题的思维方法，比如先认识，再假设，最后实践，数形结合，过滤思维、逆向思维、渐进思维、整体思维等方法。虽然这些说法看起来很专业，但是我们不要以为孩子看完就真的具有了这些逻辑和思维。孩子再遇到类似的问题，或者在生活应用中需要逻辑思维时，可能还是老样子。或许只有坚持不懈地练习，才能提升人的思维力。

但这类书有助于培养孩子的学习兴趣。我每次和子钦一起看这类书时，都会挑选上面感兴趣的题做一番研究。家长可以把这类书中的题目当作一个越来越难的闯关游戏，然后和孩子一起攻克这些难关。在这个过程中，孩子会十分专注，处在一个高效的学习状态中。

如果能挤出时间，家长要尽量和孩子一起解题，因为他一个人做题和与爸爸妈妈团队作战的感觉是不一样的。和孩子一起，我们才能观察到他的状态，控制好节奏，让他在学习中和玩游戏一样获得兴奋感。

每解开一道难题，我们和孩子都会收获一份豁然开朗的喜悦。渲染这种喜悦，就是在渲染学习的快乐。然后不要停止，让孩子把这份喜悦分享给别人，比如给奶奶讲解这道题，这样既收获了学习的乐趣，又巩固了记忆。这是一种学习方法，也是有质量的陪伴。当孩子感受到学习的快乐，未来他自己解题的时候也容易找到乐趣，这比我们家长单纯地告诉他要好好学习有效得多。

让学龄前的孩子看书，着重点在于启发他们对知识的兴趣，使他们认识到知识和生活的关联，从而养成阅读的习惯。由于孩子认字量有限，在阅读的时候容易产生挫败感，所以孩子大都更愿意看视频的讲座，阅读的习惯需要很长的时间才能养成。这是十分正常的过程，我们家长也不用太着急，一般来说，我们可以陪孩子一起看书，制订每天阅读理解一点点的计划，伴随生活中的实验和体验同步进行。随着孩子认字量的增加，孩子就会逐渐养成阅读的习惯。

另外需要注意的是，很多书里宣传的效果并不一定是真的可以达到的效果。遇到一本好书并不容易，即使遇到了不那么好的书，我们也可以在书中找到学习的角度。每个人看书都有不同的理解，尤其是孩子，家长可以根据孩子的具体情况，根据我们想要加强的重点，摸索适合他的规律。那么同样是看一本书，每个人的收获就会变得不一样。当然也不排除会遇到那种拼凑的"鸡汤"、翻来覆去的废话、读起来毫无意义的内容，这就需要我们家长来甄别。有人说开卷有益，我倒觉得也不一定，看一本"水"书就是浪费生命。

不管是节目还是书籍，网上的资源都很多。只要我们去寻找，就一定能找到合适的。时代的进步扩展出了多元的学习渠道，书籍固然重要，但获取知识的渠道越来越不局限于书籍。有时候注重孩子在生活中的见贤思齐，更是一种成长。所以我再次说明，不是有了学习资料，孩子就有了学习成果，所有的进步都是各种因素综合作用的结果。这也是我无法在留言区回复网友的主要原因，我实在无法用几句话来说清楚"巴塔是怎么知道的"，只能写下这十几万字来回答。